동북아 해역과
인문학

필자

서광덕(徐光德, Seo Kwang-deok) 부경대학교 인문사회과학연구소 HK연구교수
곽수경(郭樹競, Kwak Su-kyoung) 부경대학교 인문사회과학연구소 HK연구교수
이가연(李佳姸, Lee Ga-yeon) 부경대학교 인문사회과학연구소 HK연구교수
최민경(崔瑉耿, Choi Min-kyung) 부경대학교 인문사회과학연구소 HK교수
김윤미(金潤美, Kim Yun-mi) 부경대학교 인문사회과학연구소 HK연구교수
공미희(孔美熙, Kong Mi-hee) 부경대학교 인문사회과학연구소 HK연구교수
양민호(梁敏鎬, Yang Min-ho) 부경대학교 인문사회과학연구소 HK연구교수

동북아 해역과 인문학

초판인쇄 2020년 7월 20일 초판발행 2020년 7월 30일
엮은이 부경대 인문한국플러스사업단 펴낸이 박성모 펴낸곳 소명출판 출판등록 제13-522호
주소 서울시 서초구 서초중앙로6길 15, 2층
전화 02-585-7840 팩스 02-585-7848
전자우편 somyungbooks@daum.net 홈페이지 www.somyong.co.kr

값 21,000원 ⓒ 부경대 인문한국플러스사업단, 2020
ISBN 979-11-5905-533-1 93910

이 책은 2017년 대한민국 교육부와 한국연구재단의 지원을 받아 수행된 연구임 (NRF-2017S1A6A3A01079869).

부경대학교 인문사회과학연구소
해역인문학 연구총서 / 04 /

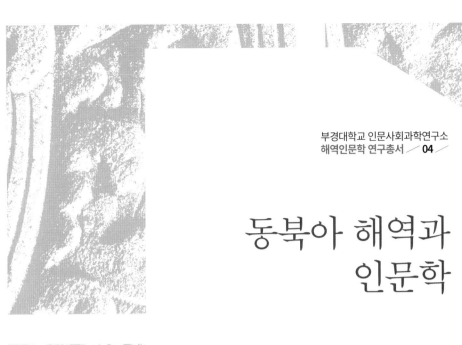

동북아 해역과 인문학

부경대 인문한국플러스사업단 편

Northeast Asian Sea region
and Humanities

발간사

    부경대학교 인문사회과학연구소와 해양인문학연구소는 해양수산 교육과 연구의 중심이라는 대학의 전통과 해양수도 부산의 지역 인프라를 바탕으로 바다를 중심으로 하는 인간 삶에 대한 총체적 연구를 지향해 왔다. 바다와 인간의 관계에서 볼 때, 아주 오랫동안 인간은 육지를 근거지로 살아왔던 탓에 바다가 인간의 인식 속에 자리잡게 된 것은 시간적으로 길지 않았다. 특히 이전 연근해에서의 어업활동이나 교류가 아니라 인간이 원양을 가로질러 항해하게 되면서 바다는 본격적으로 인식의 대상을 넘어서 연구의 대상이 되었다. 그래서 현재까지 바다에 대한 연구는 주로 과학기술이나 해양산업 분야의 몫이었다. 하지만 인간이 육지만큼이나 빈번히 바다를 건너 이동하게 되면서 바다는 육상의 실크로드처럼 지구적 규모의 '바닷길 네트워크'를 형성하게 되었다. 그리고 이 해상실크로드를 따라 사람, 물자, 사상, 종교, 정보, 동식물, 심지어 병균까지 교환되게 되었다.

    이제 바다는 육지만큼이나 인간의 활동 속에 빠질 수 없는 대상이다. 바다와 인간의 관계를 인문학적으로 점검하는 학문은 아직 정립되지 못했지만, 근대 이후 바다의 강력한 적이 인간이 된 지금 소위 '바다의 인문학'을 수립해야 할 시점에 이르렀다. 하지만 바다의 인문학은 소위 '해양문화'가 지닌 성격을 규정하는 데서 시작하기보다 더 현실적인 인문학적 문제에서 출발해야 한다. 그것은 한반도 주변의 바다를 둘러싼 동북아 국제 관계에서부터 국가, 사회, 개인 일상의 각 층위에서 심화되고 있는 갈등과 모순들 때문이다. 이것은 근대이후 본격화된 바닷길 네트워크를 통해서 대두되었다. 곧 이질적 성격의 인간 집단과 문화가 접촉, 갈등, 교섭해 오면서 동양과 서양, 내셔널과 트랜스내셔널, 중앙과 지방의 대립 등이 해역海域 세계를 중심으로 발생했던 것이다.

다시 말해 해역 내에서 인간(집단)이 교류하며 만들어내는 사회문화와 그 변용을 그 해역의 역사라 할 수 있으며, 그 과정의 축적이 현재의 상황으로 나타난다고 할 수 있다. 따라서 해역의 관점에서 동북아를 고찰한다는 것은 동북아 현상의 역사적 과정을 규명하고, 접촉과 교섭의 경험을 발굴, 분석하여 갈등의 해결 방식을 모색토록 하며, 향후 우리가 나아가야 할 방향을 제시해주는 하나의 방법이라고 할 수 있다. 개방성, 외향성, 교류성, 공존성 등을 해양문화의 특징으로 설정하여 이를 인문학적 자산으로 상정하고 또 외화하는 바다의 인문학을 추구하면서도, 바다와 육역陸域의 결절 지점이며 동시에 동북아 지역 갈등의 현장이기도 한 해역을 연구의 대상으로 삼아 실제적으로 현재의 갈등과 대립을 해소하는 방안을 강구하고, 나아가 바다와 인간의 관계를 새롭게 규정하는 '해역인문학'을 정립할 필요성이 여기에 있다.

이러한 인식하에 본 사업단은 바다로 둘러싸인 육역들의 느슨한 이음을 해역으로 상정하고, 황해와 동해, 동중국해가 모여 태평양과 이어지는 지점을 중심으로 동북아 해역의 역사적 형성 과정과 그 의의를 모색하는 "동북아 해역과 인문 네트워크의 역동성 연구"를 제안한다. 이를 통해 우리는 첫째, 육역의 개별 국가 단위로 논의되어 온 세계를 해역이라는 관점에서 다르게 사유하고 구상할 수 있는 학문적 방법과 둘째, 동북아 현상의 역사적 맥락과 그 과정에서 축적된 경험을 발판으로 현재의 문제를 해결하고 향후의 방향성을 제시하는 실천적 논의를 도출하고자 한다.

부경대 인문한국플러스사업단이 추구하는 소위 '(동북아)해역인문학'은 새로운 학문을 창안하는 일이다. '해역인문학' 총서 시리즈는 이와 관련된 연구 성과를 집약해서 보여줄 것이고, 또 이 총서의 권수가 늘어가면서 '해역인문학'은 그 모습을 드러낼 수 있을 것으로 기대한다. 끝으로 '해역인문학총서'가 인간과 사회를 다루는 학문인 인문학의 발전에 기여할 수 있는 하나의 씨앗이 되기를 희망한다.

부경대 인문한국플러스사업단 단장 손동주

서문

부경대학교 인문한국플러스사업단은 "동북아 해역과 인문네트워크의 역동성 연구"라는 어젠다로 1단계 사업기간을 마무리하는 시점을 맞이하였다. 1단계 마지막 해인 3년차에 접어들면서 그동안 연구 인력들 간에 개별적이고 산만하게 진행되어 오던 각자의 연구주제와 관심사를 정리하고 공동의 연구결과와 성과를 위해 집중할 필요가 있으며, 이는 나아가 해역인문학을 정립함에 있어 반드시 지향해야 할 방향이라는 데 공감대를 이루게 되었다. 이런 반성과 인식의 첫 번째 성과물이 바로 이 책이다.

따라서 이 책은 연구 인력 각자의 연구에 대한 자기 성찰과 중간 점검의 결과물이자 향후 수행할 연구과제에 대한 고민의 첫걸음이라고 할 수 있다. 짧은 집필기간으로 공동의 고민을 담거나 공동의 논의를 체계적으로 정리하지 못했고 다양한 주제를 다루지도 못했다. 결국 각 글에 대한 책임은 연구자 개인의 몫으로 남게 되었지만, 이로써 동북아 해역 연구에 가까이 다가가고, 해역인문학 개념 정립이라는 공동의 과제를 위해 함께 노력할 것임은 분명해졌다.

이 책은 총 2부, 모두 8편의 글로 구성되었다. 1부에 수록된 글 2편은 해역과 관련한 총론의 성격을 띠고 있고, 2부에 수록된 글 6편은 동북아 해역에 보다 밀착하여 개항장, 이주, 항로, 조선산업, 언어기층문화라는 세부 연구주제를 다룬 각론의 성격을 띠고 있다. 1부는 서광덕의 「해역인문학으로 가는 길」, 곽수경의 「해역의 개념과 구성요소」로 구성하였고, 2부는 이가연의「동북아 해역과 개항장」, 최민경의「동북아 해역과 이주」, 김윤미의「동북아 해역과 항로」, 공미희의「동북아 해역과 근대 조선산업」, 양민호의「동북아 해역과 언어기층문화」로 구성하였다.

서광덕의「해역인문학으로 가는 길」은 '인문한국지원사업'을 중심으로 전개되고 있는 한국 인문학 연구의 동향을 정리하고, 이러한 한국 인문학계의 다양한 시도 가운데 해역인문학의 목표와 추구하는 바에 대해 문제를 던지고 있다. 해역인문학은 물리적 공간인 해역을 대상으로 하고, 여기서 발생한 인간과 사회의 모든 역사와 문화적 현상을 밝혀서 인문학의 부흥을 도모하는 학문이라고 요약한다. 그리고 동아시아론, 해역인문학과 유사한 어젠다를 수행하고 있는 타 사업단, 중국·일본의 관련 연구들과의 차별성과 관계 등을 중심으로 해역인문학을 정립하기 위한 수행과제와 문제점 등을 점검하고 있다.

곽수경의「해역의 개념과 구성요소」는 해역의 개념 정리를 통해 해양과 해역의 차이, 동북아 해역의 공간적 범위와 해역 연구의 의미를 명확히 하고, 해역의 구성요소를 크게 바다, 섬, 항구로 보고 그것이 내륙까지 연결되어 해역네트워크를 완성, 연장함을 설명했다. 해역의 개념과 구성요소를 바탕으로 개항(장), 항로, 이주, 문화·언어·지식 교류, 도서 분쟁, 해양 정책 등 세부 연구주제를 발굴하고, 관련 연구를 통해 해역을 중심으로 한 동북아시아의 역사를 재조명하며 서로의 역학관계, 세계와의 관계 속에서 동북아시아의 위상을 정립하고 동북아지역에 대한 새로운 해석을 할 수 있을 것이라고 하였다.

이가연의「동북아 해역과 개항장」은 개항장에 관한 선행연구 성과들을 비판적으로 수용하면서 동북아 해역에 접한 개항장의 특징과 의미를 고찰하였다. 특히 한국을 제국의 확장과 식민도시의 형성이라는 '개항'의 주제의식을 가장 잘 보여주는 곳으로 규정하고 부산, 원산, 인천, 진남포를 살폈다. 이들 개항장을 근대를 지향한 식민 공간으로 규정하고 부산의 도시경관을 분석했으며, 새로운 문화의 접촉지대로서 상하이를 사례로 고찰하였다. 동북아 해역 국가들과의 상호 관계 속에서 개항장에 대한 비교 검토를 통해 동북아 해역 국가의 각 개항장들의 특징과 네트워크를 살폈다.

최민경의 「동북아 해역과 이주」는 동북아 해역 연구와 이주 연구의 교차라는 연구의 틀을 가지고 이주의 연구 대상과 방법 2가지 측면에서 근현대 동북아 해역을 이동한 대표적 이민 집단인 재일한인, 재조 일본인, 화교를 중심으로 살피고 동북아 해역 연구와 이주 연구의 생산적인 만남에 대한 실마리를 찾고자 하였다. 근현대에 걸쳐 동북아 해역에서 일어난 '국제적인' 인구 이동 양상에 대한 정리를 통해 이주 연구의 대상으로서 동북아 해역이 지니는 특징을 개괄하였다. 동북아 해역 연구, 나아가 해역 연구가 기존의 이주 연구에 시사하는 이론적 함의를 거시적, 중시적, 미시적 차원에서 고찰하였다.

김윤미의 「동북아 해역과 항로」는 동아시아의 근대는 해역에서 시작되었고, 그 계기를 불평등조약에 따른 개항이라고 보았다. 개항장을 중심으로 인간의 이동과 활동의 장이 마련되고, 항로와 철도 등의 교통망을 통해 해역 네트워크가 형성되었다고 보고, 이에 항로라는 주제를 중심으로 해역 체계에 대한 기초적 이해와 세부 연구주제에 대한 고민을 담았는데, 특히 부산항로에 주목하였다. 부산은 한반도에서 가장 먼저 동북아 해역의 항로가 도입되었던 공간이었으며 동시에 한반도에서 가

장 마지막까지 남았던 항로였기 때문에 그것에서 근대 항로의 한국사
적 의의를 찾을 수 있다고 보았다.

공미희의 「동북아 해역과 근대 조선산업」은 바닷길을 주요 교통로로
이용하던 근대시기 조선산업은 인적, 물적 이동수단이자 국가의 경제,
군사적으로도 중요한 위치를 차지하는 산업이었다는 사실에 주목하고,
일본이 서양의 과학기술을 수용하여 조선산업을 근대화시킨 과정, 국내
조선산업과 관련 산업(어업)에 대한 근대 역사적 상황을 분석하였다. 관
련 자료를 통해 일본은 일본정부의 부국강병정책하에 체계적인 기술개
발 과정을 거쳐 조선기술을 발전시키고 근대화에 성공할 수 있었던 반
면, 한국은 일본에 의해 서서히 어업권이 식민화되고 일본을 위한 조선
산업이 정착, 육성되어 제국정책의 수단으로 이용되었음을 확인하였다.

양민호의 「동북아 해역과 언어기층문화」는 언어의 접촉과 전파를 통
해 민족의 전통이 형성되고 유지된다고 보고, 동북아 해역과 언어라는
관점에서 기층문화로의 접근을 시도하였다. 기존의 언어문화(표기)와
언어경관 연구에 대한 동향을 언급하고 부산 기장 대변항 일대의 언어
경관에 관한 파일럿 스터디 형식의 조사 자료를 설명하는 방식을 사용
함으로써 제4차 산업시대를 맞이하여 새로운 언어 연구방법을 시도하
였다. 도시어촌의 언어문화를 가장 잘 표현하고 있는 시각적 매개물인
상가 간판을 통해 언어경관을 분석하는 것이야말로 새로운 해역 연구
의 주제가 될 수 있다고 보았다.

2020년 7월
HK연구교수 곽수경

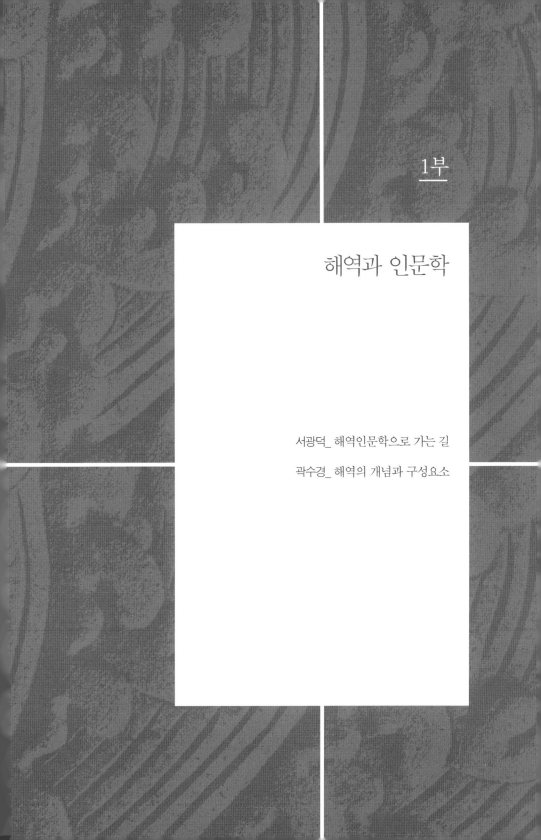

해역인문학으로 가는 길

서광덕

1. 한국 인문학 연구의 동향

20세기 말부터 한국에서는 '인문학의 위기'라는 말이 유행했고, 21세기에 들어오자 '인문한국'이라는 구호 아래 국가적 차원에서 위기에 빠진 인문학을 부흥시키고자 했다. 그것이 바로 '인문한국지원사업'이다. 2007년부터 시작된 이 지원사업으로 많은 인문한국사업단이 만들어졌고, 각 사업단은 자신의 어젠다에 따라 다양한 인문학 연구를 전개했다. 사업단의 수만큼이나 소위 인문학의 수도 늘어났는데, 탈경계인문학, 통일인문학, 평화인문학, 로컬리티인문학, 사회인문학, 디지털인문학, 모빌리티인문학, 접경인문학 등이 그 대표적인 예이다. 인문학이라는 말 앞에 붙은 이와 같은 수식어는 인문학의 부흥을 위해 각 사업단이 핵심적으로 수행하고자 하는 연구의 '목표' 또는 '방법' 혹은 '개념' 또는 '대상'을 표현한다. 이 모두는 결국 '인문학의 위기'에 대한 진단과 성찰에서 비롯되고 있으면서도 그 위기를 극복하기 위한 방법론에서는 다양한 차이를 드러낸다.

　물론 '인문학의 위기'를 정부의 재정적 지원으로 극복할 수 있는 것은 아니고, 또 이러한 위기가 비단 학생과 일반 시민들의 인문계에 대한 선호도의 현격한 저하에서 파생한 것도 아니다. 한국 인문학의 위기는 한국 학문과 한국 사회 위기의 일부이다. 즉 신자유주의가 추동하는 학문의 붕괴라는 문제는 전체 사회 또는 삶의 위기 및 해체와 직결된 것이다. 그런데 위기담론의 범람에도 불구하고 그동안 우리는 문제의 진정한 본질에 착근하지 않았다. 그것은 '인문학의 위기'를 말하면서도 인문학의 본질에 대해서 문제를 삼지 않았다는 점이다. 곧 인문학이 위기라고 얘기하면서도 그 위기가 사회의 반인문성, 비인문성에서 기인했으며, 이와 함께 인간의 삶과 사회에 대한 성찰을 근본으로 삼는 인문학 본질에 대한 사유의 부재에서 연유했음을 자각하지 않았다는 것이다.

　현재 한국의 인문학에 대한 이러한 평가를 바탕으로 학문으로서의 인문학 자체에 대한 성찰을 시작한 사업단도 있다. 사회인문학의 경우는 이러한 문제의식을 전면에 내세우고 있는데, 1970~1980년대가 사회과학의 시대이고 그 이후가 시장만능의 시대로 40년을 관통하는 동안 한국사회의 반인문화, 반지성화, 반인간화가 진행되었고, 이것이 바로 인문학의 위기를 불렀다고 진단한다. 그래서 지금 필요한 것은 사회의 인문성, 인간상의 회복이며, 이는 학문의 사회성 회복과 한 짝을 이룬다고 말한다.[1] 단순히 사회과학과 인문학의 결합이 아니라, 인문학의 사

---

1 박명림, 「사회인문학의 창안 '사회의 인문성' 提高, '인문학의 사회성' 發揚을 위한 융합학문의 모색」, 『東方學志』 149, 연세대 국학연구원, 2010.

회성 회복을 목표로 한다고 분명히 밝힌 사회인문학은 '하나의 학문'이었던 인문학의 본래 모습을 되살리는 것이라고 강조한다. 그것은 서구 근대학문의 수용 이후 인문학과 과학이 분리되면서 분과학문으로서 인문학이 탄생하고, 이는 단지 지식 곧 앎의 학문으로 자기 규정되면서 삶의 학문이었던 원래 인문학은 사라지게 되었음을 지적하면서, 삶 중심의 총체적인 학문으로서의 인문학의 복원을 외치고 있다. 여기서 사회인문학은 일상적인 삶과 사회에 긴밀하게 개입하는 '방법으로서의 비평' 그리고 지식과 삶을 결합하는 '방법으로서의 실천'을 강조한다.[2]

이와 같이 인문학 자체에 대한 성찰, 그리고 인문학과 사회의 소통을 강조하는 사회인문학은 인문학 가운데 역사학 분야에서 '공공성의 역사학'을 시험적으로 제시하였다. 여기서 '공공성'은 국가와 관계하던 공적인 것만을 가리키는 것이 아니라, 모든 사람과 관계에 있는 공통의 것을 말하는 것으로서, 국가와 구별되는 시민사회의 독자적인 의의를 강조하는 소통공간으로서의 공공성을 말한다. 이럴 때 '공공성의 역사학'은 공감이나 이야기를 강조하고, 비평을 중시하며, 교양으로서의 역사학이고 또 역사학자만이 아니라 누구나 참여할 수 있는 '열린 역사학'이라고 설명한다.[3]

사회인문학의 이러한 주장은 한국학에 대한 새로운 접근에서도 드러난다. 지금까지 민족주의 성격이 강한 종래의 국학으로서의 한국학이나 지역학으로서의 Korean Studies를 넘어서 지구지역학의 시각에서 한국학을 재정립해야 한다는 주장이다. 지구지역학은 서구 중심의 보편주

---

2 백영서, 「사회인문학의 지평을 열며−그 출발점인 '공공성의 역사학'」, 위의 책.
3 위의 글.

의를 비판하고 다른 한편으로 한국이란 공간성을 중시하면서도 특수성에 매몰되지 않고 보편성을 추구하는 학문의 길을 한국학이 추구할 수 있으리라는 기대에서 출발한 개념이다.[4] 여기서 주목할 것은 글로컬리즘glocalism에 대응하면서 한국이라는 장소성에 착근하여 한국학을 새롭게 구성한다는 점이다. 종합학문으로서 한국학을 재구성하는 과정에서 인문학의 의미를 되새기고, 그래서 보편학문으로서의 인문학적 성격을 한국의 현실에 기반한 한국학과 결합하여 한국학의 세계화와 총체적인 학문으로서의 인문학을 동시에 구축하려는 생각인 것이다. 최근 '인문한국학'이라는 용어를 제창하여, 문 · 사 · 철을 중심으로 한 인문학에 기반한 한국학을 주장하는 그룹 역시 단지 지역학 차원을 넘어 한국이 지닌 인문적 또는 문화적 자원을 적극적으로 지구사회에 되살려 내려는 의도에서 출발한 것이다.

'지구지역학으로서의 한국학'은 자연스럽게 로컬리티인문학과 연결된다. 그것은 한국이란 공간성을 중시하면서도 특수성에 매몰되지 않고 보편성을 추구한다는 정의가 로컬과 로컬리티에 대해서 그대로 적용된다고 보기 때문이다. 로컬리티인문학은 20세기 후반부터 전개된 글로벌한 시대적 과정에서 로컬과 로컬리티의 개념과 그에 대한 인문학적 연구라는 과제를 제시하였다. 글로벌화는 역사적 과정이며, 그에 따라 로컬, 로컬리티의 모습도 변화한다. 로컬, 로컬리티의 개념을 글로벌과 연동하여 일종의 관계적 개념으로 정의하고, 연구 대상과 범주의 설정을 물리적 지역성보다는, 유동적이고 역동적인 글로벌-로컬의 관계, 기

---

4 백영서, 「지구지역학으로서의 한국학의 (불)가능성─보편담론을 향하여」, 『東方學志』 147, 연세대 국학연구원, 2009.

술적 변혁을 통한 지역의 탈경계화 등을 반영할 필요가 있음을 강조했다. 무엇보다도 글로벌 자본주의에 대한 저항의 지점으로서 인문학적인 의미의 로컬 연구는 오늘날 발호하는 전지구적 신식민주의에 대응하여 로컬에 강요된 왜곡된 표상들을 벗겨내고, 타자화된 로컬과 로컬인들의 가치를 재구성할 필요가 있다고 말한다. 로컬과 로컬인들의 표상은 그러한 글로벌한 흐름 속에 끊임없이 왜곡되어 왔기 때문이다. 이러한 문제의 극복을 위해 로컬리티인문학은 다원적인 로컬과 로컬인들의 모습을 복원하는 것을 궁극적 과제로 제시하고 있다. 그리고 인문학적 의미의 로컬, 로컬리티 연구를 위하여 방법론으로서 기존의 지역학과 문화학을 결합할 것을 제안하며, 또 다양한 로컬리티인문학의 실천적 과제도 제시하고 있다.[5]

이와 같이 로컬리티인문학은 근대 이후 국민국가를 중심으로 한 세계체제의 형성에 의해 고착화된 구분과 경계 그리고 이로 인해 형성된 타자에 대한 왜곡과 차별의 인식을 극복하는 데 중점을 둔다. 이를 위해 다양한 로컬과 로컬리티의 다원성을 복원하고 이를 갈등과 대립을 극복하는 인문학적 자산으로 삼고자 하는 것이다. 이와 같은 인문학 연구의 지향은 세계화의 진행에 따라 국경 등 경계의 지점에서 그 경계가 흐려지는 현상에 주목하여 횡단, 혼종, 디아스포라, 혼종성, 유동적 정체성, 트랜스미디어, 포스트휴먼 등의 주제에 관심을 기울이는 탈경계 인문학과도 맥이 닿는다. 이것은 다양한 경계들에 의해 선험적으로 구획된 서로 다른 두 지역들, 존재들, 사유들의 경계가 무너지는 지점에 주

---

5   이창남, 「글로벌 시대의 로컬리티인문학─개념과 과제를 중심으로」, 『로컬리티인문학』 1,
     한국민족문화연구소, 2009.

목한다. 여기서 접두어 트랜스trans[6]는 횡단, 초월, 변형을 의미하는 말이다. 트랜스는 수직적이나 위계적이 아닌 수평적이며 네트워크적인 이동을 지향하며, 통시적이라기보다는 공시적이며 동시대적인 담론을 내포한다.[7] 그리고 이러한 트랜스의 종착지는 새로운 것의 탄생이다. 횡단과 초월을 거쳐 변형에 이르기 때문인데, 그래서 트랜스의 공간은 집이 아니라 길을 상정하고, 또 변형에 이르는 길은 고통의 과정이며, 창조의 과정이다. 이와 같은 탈경계 인문학의 지향은 자연스럽게 접경인문학이나 해항도시문화교섭학 등과 같이 이쪽과 저쪽이 만나는 접점에서 발생하는 문화의 충돌과 변화, 그리고 그 경계의 지점에서 발생하는 다양한 문제 및 가능성을 모색하는데 치중하는 인문학과도 궤를 같이하고 있다.

사회인문학으로 비롯된 한국의 인문학에 대한 반성과 지향은 통일인문학에서도 그대로 이어지는데, 통일인문학은 통일의 필요성에 대한 인문학적 고찰에서 시작된다. 이는 정치, 경제 및 사회적 관점에서 바라본 통일의 필요성과는 다른 측면, 즉 문학, 역사 그리고 철학적 관점에서의 통일에 대한 시각을 제공하는 것이다. 이러한 논의는 자연스럽게 통일을 위해서 인문학이 준비할 수 있는 내용이 무엇인가에 대한 반성으로 이어진다. 이는 남북한의 분단이 가지고 온 언어, 역사, 사상, 문화 등의 차이점을 확인하는 것으로부터 시작되어야 한다. 하지만 통일이라는 과업에 도움이 되려면 남북한의 차이점보다는 공통점에 초점이 맞추어지는 것이 바람직하다. 왜냐하면 이러한 공통점이 통일시대를 열어가는

---

6   예를 들어, 트랜스컬추럴리티(transculturality), 트랜스미디얼리티(transmediality), 트랜스
    아이덴티티(transidentity), 트랜스디시플린(transdiscipline) 등.

7   조윤경, 「접두어 'trans-'의 인문학적 함의－탈경계 인문학 Trans-Humanities연구를 위한
    개념 고찰을 중심으로」, 『탈경계인문학』 3-3, 이화여대 이화인문과학원, 2010.

교두보가 될 것이기 때문이다. 하지만 통일인문학의 연구는 통일을 위한 준비에 머무르지 않는다. 통일이 된 이후에 통합된 우리나라에서의 인문학이 어떻게 전개되어야 하는가에 대한 밑그림도 필요하다. 특히 분단이 가지고 온 상처를 어떻게 치료하는가도 통일을 연구하는 사람들에게는 중요한 주제이며 이에 대한 인문학적인 대안으로 문학치료를 제시할 수 있다. 이 역시 통일인문학 연구단이 수행할 수 있는 과제라고 여겨진다.

통일인문학의 영역은 남북한의 분단과 반드시 연결되어야만 하는 것은 아니다. 지나치게 세분화되어 있는 인문학의 영역을 통합하는 과제 또한 통일인문학 연구단이 수행할 수 있다. 문학, 역사 및 철학을 통합하고 이를 토대로 포괄적인 의미의 인문학을 새롭게 그려갈 수 있을 것이기 때문이다. 이러한 작업이 끝나면 남북한의 통일과 관련하여 진정한 의미의 한국학이 새롭게 출범하게 될 것이며 이 역시 통일인문학에 대한 연구가 맡을 수 있는 중요한 학문 영역이 될 것이다.[8] 이러한 점은 앞에서 말한 새로운 한국학의 정립과도 연결된다.

이상과 같이 20세기 초부터 시작된 한국 인문학의 부흥을 위한 다양한 노력은 궁극적으로 총체적인 학문으로서 곧 '하나의 학문'으로서의 인문학이라는 본래의 모습을 복원해야 한다는 것으로 모아진다. 이를 위한 방법으로는 글로컬리지Glocalogy의 흐름 속에서 종래의 중심-주변의 이중 구도, 국민국가 중심의 세계체제 인식을 극복하는 방안을 마련하는 인문학적 노력, 또 '인문한국학'이란 주장처럼 '열린 민족주의'에 입각하면서 종래의 국학이나 사회과학에 치중한 지역학이 아닌 문·

---

8   김도식, 「'통일인문학'의 개념 분석」, 『통일인문학논총』 51, 건국대 인문학연구원, 2011.

사·철을 통합한 인문학에 기반한 한국학의 건설과 지구지역학의 관점에서 동아시아적 시각이나 동아시아 지역이란 매개를 활용한 한국학의 수립을 추구하는 시도들로 나타난다.

2. (동북아) 해역이라는 장소성

이상과 같은 한국 인문학계의 다양한 시도 가운데 해역인문학은 무엇을 목표로 하고, 또 어떤 인문학을 추구하는 것인가. 이를 위해서는 우선 '해역'이라는 말에서 설명을 시작해야 할 듯하다. 앞에서 잠깐 나왔지만, 해역인문학은 명칭에서 한국해양대학교의 '해항도시문화교섭학'과 목포대학교의 '섬의 인문학'과 친연성이 많을 수밖에 없다. 그리고 로컬리티인문학과도 성격적으로 공유하는 부분이 있다. 그것은 '해역'이라는 용어가 해양, 곧 바다와 관련성이 깊고, 동시에 그 바다와 인접한 지역(육역)이라는 성격을 내포하고 있기 때문이다. 이렇게 보면 해역은 바다(해양)와 육지(지역)가 연결된 장소를 가리킨다. 일차적으로 물리적 또는 지리적 공간으로서 해역인 셈이다.

그렇다면 범박하게 말해, 해역인문학은 이와 같은 물리적 공간인 해역을 대상으로 하고, 여기서 발생한 인간과 사회의 모든 역사와 문화적 현상을 밝혀서 인문학의 부흥을 도모하는 학문이라고 할 수 있다. 이렇게 정의하더라도 짚어야 할 세부적인 문제는 산적해 있다. 먼저 20세기 후반부터 한국을 비롯하여 동아시아 지역의 지식인들 사이에서 주목을 끈 동아시아 담론에서 제기된 동아시아 지역을 둘러싼 다양한 논의들과의 연관성과 차별성을 분명히 해야 한다. 둘째, 지리적 영역으로서 해양(바다)과 관련된 다른 사업단과의 구별이다. 예를 들어, 한국해양대학교의 '해항도시문화교섭학', 목포대학교의 '섬의 인문학', 그리고 인천대학교의 개항(장) 관련 연구 등이 여기에 해당한다. 셋째, 해역 연구는 비단 한국만 연구하는 분야가 아니다. 역사학적으로는 해양사라는 학문이 존재할 뿐만 아니라, 동북아 해역에만 국한하더라도 중국과 대만, 그리고 일본과 류큐 등지에서도 활발하게 진행하고 있다. 그래서 이들과의 보편성과 특수성을 따져야 한다. 넷째, 가장 핵심적인 문제로서 해역에 대한 연구를 어떻게 인문학과 연계시키면서 앞의 장에서 서술한 '하나의 학문'으로서의 인문학이나 종합학문으로서의 한국학 수립이라는 문제의식을 담아내어, 명실상부 해역인문학이라는 이름에 걸맞는 정체성을 확보할 수 있을 것인가 하는 것이다.

1) 해역인문학과 동아시아론

이상의 문제에 대해서 차례대로 따져보자. 먼저 해역인문학과 동아시아 담론과의 관계인데, 부경대 인문한국플러스사업단 사업계획서에서 "동북아 국제 관계에서부터 국가, 사회, 개인 일상의 각 층위에서 심화되고 있는 갈등과 모순의 맥락을 이해하고 그 해결 방안을 모색하기 위하여"라고 명시하고 있는 것처럼, 그 갈등 극복의 방안을 모색하는 것 역시 다른 인문학 주창자들처럼 해역인문학의 목표이다. 그렇다면 해역인문학은 동아시아 담론과 결코 무관하지 않다. 왜냐하면 1990년대 한국에서 추동한 동아시아 담론은 세계적으로 글로벌리즘과 지역주의가 대두하는 현상과 함께 출현하여 종래의 국가 주도의 경제나 안보 공동체적 성격이 강한 동아시아 공동체론이나 동아시아 발전국가론, 유교자본주의론과 같은 동아시아론이 아니라, '지적 실험으로서의 동아시아'(백영서) 또는 '사상과제로서의 아시아'(야마무로 신이치)라는 표현처럼 동아시아를 세계사적 문제가 집중화된 곳으로, 바로 그렇기 때문에 초근대의 문명론적 대안을 발굴하는 하나의 장으로서 바라보기 때문이다. 이를 위해 요구되는 것이 바로 지역감각, 즉 리저널리즘에 입각한 동아시아론이다. 이러한 동아시아론의 시각에서 볼 때, 해역이 과연 이와 같은 리저널한 감각을 벼리는 장소가 될 것인가 하는 것이 문제다. 곧 동아시아를 지역적 유동성을 전제로 삼는 공간에 대한 감각, 그리고 지역 내 국가나 세력 간에 역사적으로 누적된 구조적 연관성을 찾아내는 역사 감각을 통해 새로운 지역 감각을 발굴해내자는 리저널리즘[9]적 관점에서 (동북아)해역을 어떻게 사건화할 것인가 하는 점이 중요하다.

그런데 이미 앞의 인용에 이어서 "내셔널과 트랜스내셔널, 중앙과 지방의 힘들이 길항하고, 이질적 성격의 인간 집단과 문화가 접촉, 갈등, 교섭해 온 해역海域 세계에 주목한다"고 밝혀놓았는데, 이 문장에서 보면 해역 세계가 바로 사회적으로 문제를 일으키거나 주목을 받을 만한 상태나 성질 곧 사건성을 띠는 공간(장소)으로서 연구의 대상이 되거나 또 이러한 연구를 통해 '지적 실험'이나 '사상과제로서의 동아시아'를 추구하는 사상적 자원을 발굴할 수 있는가 하는 것이 관건이 된다. 이럴 때 해역은 사건으로서의 해역이고, 나아가서는 사상화를 위한 자원으로서의 해역이다. 자본주의 문명과 국민국가로 대변되는 근대를 극복하는 대안을 마련하는 사유의 장으로서 동북아 해역을 설정하고, 이에 대한

9　마루카와 데쓰시, 백지운·윤여일 역, 『리저널리즘』, 그린비, 2008.

연구를 어떻게 전개할 것인가 하는 것이 해역인문학의 과제인 셈이다.

이것은 자연스럽게 둘째, 기존의 유관 사업단의 어젠다 연구와 어떤 차별성을 갖는가 하는 문제로 연결된다. 예를 들어, 해항도시문화교섭학의 경우는 해역 가운데 해항도시, 곧 항구를 중심으로 한 이문화의 접촉과 자문화의 변용이라는 측면을 탐구한다. '방법론적 초국가주의 methodological trans-nationalism'라는 개념을 제시한 것으로 보아, 근대 국민국가 시스템을 극복하려는 시도를 분명히 드러내면서 '해항도시 문화교섭 연구'는 국민국가보다 작은 분석단위인 해항도시를 연구필드로 하여 해항도시가 구성하는 해역sea region, 즉 국가보다 큰 단위의 공간과의 관계를 문제 삼는다. 해항도시는 해역을 구성하는 요소로서 그 자체가 경계이면서 원심력과 구심력이 동시에 작동하는 공간으로, 배후지인 역내의 각지를 연결할 뿐만 아니라 먼 곳에 있는 역외 해역의 거점과도 연결된 광범한 네트워크가 성립된 공간이다. 그렇지만 바닷길의 네트워크를 따라 발달한 해항도시들은 자신들이 속한 국가나 지역사회의 후배지들이 아니라 역외의 해항들과 더 많은 공통점을 지닌다.

달리 표현하자면, 해항도시는 근대자본주의가 선도하는 지구화 훨씬 이전부터 사람, 상품, 사상 교류의 장으로 기능해 온 유구한 역사성, 국가의 영역에 머무르지 않은 초국가적인 영역성과 개방성, 그리고 이문화의 혼교 · 충돌 · 재편으로 인한 잡종성을 사회적 성격으로 가진다. 결국 해항도시를 중심으로 한 이러한 문화교섭 연구는 결국 어떤 자료를 대상으로 진행할 것인가 라는 문제에 봉착한다. '방법론적 국가주의'에 감금되어 있는 연구 성과나 자료를 전적으로 무시하는 것도 현실적으로 불가능해 보이기 때문이다. '방법론적 해항도시'의 시각을 견지한 채 기존의 성과를 재분석하고 재해석하는 노력과 더불어 다양한 지역자료 등을 발굴하고 활용하는 범학문적인 공동연구가 당장의 해법으로 보인다. 시기적으로는 동일 해역에서 국민국가 이전의 해역의 형성과 국민국가의 형성으로 그것이 어떻게 교란되었는지, 그리고 21세기 해역 형성의 비전을 비교하는 것이 필요하며, 공간적으로는 타 해역과의 비교연구가 필요하다. 이러한 시공간적인 연구 성과가 바탕이 될 때 '방법론적 해항도시'와 관련 개념을 가다듬는 작업이 구체화되고 정치하게 될 것이다.[10]

해역인문학 역시 이러한 문제의식과 방법론을 공유하면서도 근대 이후 동북아 해역이라는 시공간을 대상으로 하고, 또 동북아 해역에서 발생한 다양한 인적, 물적 교류, 그리고 이문화의 수용과 변용을 살피는 점에서 그 범위는 좁지만, 어떤 의미에서는 동아시아 담론이 제기한 문제의식에 집중하는 점에서 차이가 나타난다. 그런 점에서 연구 자료와 관련해서 동북아 지역관계사 관련 자료집이나 중국 문헌 사료, 기타 비중국(조선, 일본, 류큐, 동남아시아) 문헌 사료 등을 수집하고 정리하는 가운데 근대 이전과 이후의 해역을 중심으로 한 동아시아 지역 질서의 전통과 변화를 살펴서 '사상과제로서의 동아시아'를 실현하는 방법론을 배양해야 한다.

한편 '섬의 인문학'은 섬이 지닌 특수성에 착안한다. 일반적으로 섬의 개념은 공간의 규모나 법률의 목적성에 의해 규정되곤 하지만, 소통성과 고립성이라는 섬의 양면적 속성에 중점을 두면서 인문학적 섬 개념

---

10 정문수,「방법론적 해항도시와 해역 연구」, 부경대 인문한국플러스사업단 편, 『동북아 해역과 인문네트워크』, 소명출판, 2018.

을 제기하고 있다. 섬은 바다에 의해 규정되곤 한다. 바다를 교류의 길로 인식하면 섬은 바닷길을 매개해 주는 소통의 징검다리로 간주된다. 바다를 장애물로 인식하면 섬은 그 바다에 의해 단절되는 고립공간으로 간주된다. 여기에 섬과 바다의 일체성과 양면성이 찾아진다. 섬과 바다가 하나의 유기체로 작동하니 일체성인 것이고, 섬과 바다의 유기체가 소통성과 고립성이라는 양면의 속성을 내포하니 양면성이다. 섬과 바다의 양면성은 우리 역사에서 극명하게 나타난다. 고려시대까지는 소통성이 두드러졌던 반면, 조선시대에는 고립성이 두드러졌다. 결과적으로 전자는 '문명'의 흔적을 섬에 남겼고, 후자는 '민족문화의 원형'을 섬에 남겼다.

'섬의 인문학'은 섬과 바다의 이러한 양면적 속성을 모두 포괄할 필요가 있다. 바다의 배타성과 공유성은 '섬의 인문학'이 유념해야 할 또 다른 섬의 양면성을 내포한다. 섬을 통해 바다를 쟁취하려는 '섬 분쟁'의 분출은 바다에 대한 배타적 소유욕에서 나온다. 바다를 인류 공유재산으로 인식한 '파르도Pardo주의'는 섬에 대한 관심을 공유의 세계로 이끈다. 이렇듯 바다의 배타성과 공유성이 섬과 연동된다는 것은, 섬과 바다의 일체성을 다시 한번 확인해 준다. 결국 섬과 바다의 일체성과 양면성은, 섬이 경계와 탈경계의 변곡점에 위치함을 시사한다.[11] 이와 같은 '섬의 인문학'의 인식은 섬이 지닌 속성에서 탈(경계)의 가능성을 읽어내고 또 파르도주의는 '해항도시문화교섭학'에서 주장한 지구의 공유제로서 바다를 상정하는 글로벌 커먼즈 개념과 상통한다. 그런 점에서 '섬의 인

---

11 강봉룡, 「'섬의 인문학' 담론—섬과 바다의 일체성과 양면성의 문제」, 『도서문화』 44, 도서문화연구원, 2014.

문학' 역시 섬을 통해 인문학적 사유를 구현하고, 나아가 전쟁과 갈등의 바다가 아니라 미래지향적인 화해와 소통의 바다이면서 또 공동의 자산으로서 바다를 파악하려고 한다. 섬이 지리적으로 해역의 범주이기 때문에 이것에 대해 관심을 갖는 것은 당연하고, 또 바다를 지역인들이 공동으로 관리하는 자산으로 보고, 현재의 해권海權 개념에 의한 쟁탈의 대상에서 벗어나기 위해 어떻게 해야 할 것인지 대해 해역인문학 역시 방법론을 개발해야 할 것이다. 여기서 중요한 것은 동북아 해역에 거주하는 사람들의 성숙한 시민의식이다. 그리고 그러한 해역 시민들의 민간네트워크가 필요하다.

2) 중국과 일본의 해역 연구와 해역인문학

이것은 자연스럽게 셋째, 동북아 해역을 끼고 있는 한국을 제외한 중국, 일본, 타이완, 류큐 등지에서의 해역 연구로 이어진다. 중국의 경우 해역 관련 연구 그 가운데 해양사 연구는 보통 「유엔해양법조약」(1996)이 정식 발효된 뒤 국가 차원에서 해양발전전략을 제안하면서 획기적으로 발전했다. 그리고 중국 해양사 연구의 굴기를 가장 상징적으로 보여주는 사건은 21세기에 들어와서 대형해양문화 다큐멘터리 〈주향해양走向海洋〉(총 8편)[12]이 방영된 것이다. 2011년 12월 중국 CCTV를 통해 전국에 방영된 〈주향해양〉은 중국정부의 바다에 대한 집념을 엿볼 수

---

12 〈走向海洋〉은 제1편 海陸鈞沉, 제2편 海上明月, 제3편 潮起潮落, 제4편 倉惶海防, 제5편 雲帆初揚, 제6편 長風大浪, 제7편 走向大海, 제8편 經略海洋 등 8편으로 구성되었다. 제1편부터 제3편까지는 전통시대 중국의 해양문화에 대한 소개, 제4편과 제5편은 청말 해방과 북양수사 및 중화민국해군과 중화인민공화국 초기해군의 역사, 제6편부터 제8편까지는 중화인민공화국 시기의 해양과학기술과 군사기술의 발전과정을 소개한다. 이것은 『하상(河殤)』과는 달리 해양이 중국의 미래라고 주장한다.

있는 주목할 만한 다큐멘터리이다. 이처럼 국가 정책적인 차원에서 주도된 중국의 해양사 연구는 이후 점차 해강사海疆史라는 중국 특유의 역사학이 중심적인 자리를 잡게 된다. 그것은 동북아 해역에서의 해양영토분쟁과 밀접한 관련이 있다. 21세기 동아시아 지역의 평화공존 여부는 해양에서 결정될 가능성이 많다는 지적은 바로 해양분쟁의 가능성 때문일 것이다. 그래서인지 중국학계는 해양 관련 국제분쟁에서 우위를 점하기 위해 그 역사적 근거를 확보하려고 노력한다.

해강사는 해양사와 비교하면 중국변강사의 일부라고 말할 수 있다. 해강사는 해양강역의 형성 발전과 변천의 역사로, 역사적으로 해양 정책, 해양 제도, 해양 관할, 해양 관리, 해양 개발 등을 다룬다. 해강사나 해양사는 해양역사를 연구대상으로 삼는다는 점에서는 같지만, 해강사가 해양사에 비해 구체적이고 미시적인 문제를 다루고 역사와 현실을 결합하거나 역사사실과 법률규칙을 결합한다는 점에서 차이가 난다. 특히 해양사가 국제적인 특징을 띠며 세계 범위의 해양지역 역사를 다룬다면, 해강사는 중국역사학의 특수영역에 속한다. 따라서 해강사란 용어는 다른 역사학분야에서 찾아보기 어렵다.

중국 해양사 연구의 대표주자인 양궈전楊國楨 역시 이러한 경향을 보여준다. 그는 처음 21세기 '해양의 세기'를 맞이해 전통적인 대륙 중심적인 사고에서 탈피하여 해양 중심적인 사고로 전환할 것을 주장하였다. 그는 중국고대사 역사교과서에 실린 농업문명과 유목문명의 충돌과 융합이라는 이원론에 대해 이의를 제기하고, 여기에 해양문명을 첨가해야 한다고 보았다.

즉 그의 연구 시각에서 두드러진 점은 대륙중국으로만 표상되는 종래의 시각을 부정하고, 역사적으로 중국에는 해양문화가 존재했고, 그래서 대륙문화와 해양문화가 공존했음을 부각시키려고 한 것이다.[13] 이런 육지사관에 대한 이의제기에는 중국 내부의 주류 역사학에 대한 부정과 외부적으로는 유럽중심주의의 해양 인식에 대한 거부가 존재한다. 하지만 중국의 해양사 연구는 적어도 양적인 측면에서 여전히 국가주의적인 관점에서 접근하는 연구가 무척 많다. 그래서 근대 해양사 연구에서 주로 기존의 해운사, 해방사, 해군사, 해강사 등 정치경제 관련 범주를 가지고 연구하는데, 제국주의 침략을 받았던 중국인의 역사경험을 미루어 보면 이런 분류는 어느 정도 납득할 수 있는 현상이다. 하지만 그런 까닭에 근대사에서 해양경제사, 해양사회사, 해양문화사, 해양생태사, 해양과학사 등과 같은 학문융합연구는 충분히 이루어져 있지 않다.[14]

일본의 경우는 해역 연구를 일찍부터 시작하여 그 연구 성과와 수준이 상당하다. 이미 하마시타 다케시 교수와 같은 중국사연구자는 중국사를 새롭게 이해하기 위해 대륙과 해양 간의 개념 틀을 제시한 바 있고, 이를 이어받아 일본 연구자들은 아시아의 해양공간을 '아시아의 지중해', '아시아 교역권' 등과 같은 이론으로 설명하며 해양아시아를 재발견하려 노력해왔다. 해양사의 경우, 이전에는 대외관계사와 사회경제사 분야에 포함되어 논의하던 주제로 동아시아의 주변에 머물렀으나, 근래에는 동아시아의 초국가적 공간을 주목하면서 해양아시아를 탐구하고 있으며, 그래서 해양사의 발전방향을 글로벌 히스토리(혹은 월드 히

---

13 양궈전, 김창경 외역, 『해양문명과 해양중국』, 소명출판, 2019.
14 조세현, 「해양사와 중국해강사 사이–연구현황과 과제」, 부경대 인문한국플러스사업단 편, 『동북아 해역 인문네트워크의 근대적 계기와 기반』, 소명출판, 2019.

스토리)나 환경사 등과의 결합을 통해 새로운 출로를 모색하고 있다. 이러한 일본의 연구 흐름은 일찍이 1980년대부터 현대세계 그 자체의 급격한 변화, 곧 냉전체제의 붕괴와 글로벌화, 그리고 이에 따른 근대에 대한 회의가 사상계에 가져온 변화에 따른 것이다. 특히 일국주의와 유럽중심사관에 대한 문제제기, 그리고 문헌사료와 '객관적 사실'에 대한 신뢰로부터의 탈피는 아시아에 대한 종래의 인식에도 의구심을 갖게 하였다. 그래서 등장한 것 가운데 하나가 바로 '해역아시아론'이다.

이것은 기존의 해양사가 '해양과 내륙 역사의 상호관계'에 초점을 맞춘 역사학의 한 분야로, 좀 더 분류하면 해방사海防史, 해군사海軍史, 해전사海戰史, 해권사海權史, 해관사海關史, 해운사海運史, 어업사漁業史 등으로 다양하게 나누어지고, 이런 주제를 연구하는 목적이 이제까지 역사학이 간과한 해양이라는 공간을 복권시킴으로써 인간의 역사를 전체적으로 파악하는 데 있었다는 문제의식을 받아들이면서도, 이것이 아시아 역사의 한 분야로서의 해양사가 아니라 '해역아시아'라고 통합된 덩어리를 제기한다. 그리고 일본학계에서는 해양사보다 보통 '해역사海域史'라고 지칭하는데, 해역사란 항해, 무역, 해적, 해상민 등과 같은 바다의 세계 그 자체의 역사만이 아니라, 바다를 둘러싸고 있는 육지들 사이의 교류와 투쟁, 해상과 육상의 상호과정 등을 포함한다. '해역아시아'는 종래의 아시아라는 지역 설정 자체를 문제시하고, 나아가 역사학 전체에 대해 문제제기하려는 '사상'의 측면에서 제기되었다.[15] 일본의 '해역아시아사(론)'의 두 가지 문제제기는 해역인문학이 추구하려는 것과 일맥상통한다. 곧 포스트 동아시아론에서 제기한 것처럼, 국가 중심의 근대 동

15 모모로 시로(桃木至郎) 편, 최연식 역, 『해역아시아사 연구 입문』, 민속원, 2012.

아시아 지역 질서에서 탈피하고, 또 근대적 분과학문 체계를 넘어서 '하나의 학문'으로의 인문학을 해역을 통해 새롭게 정립해보고자 하기 때문이다.

3) 해역 연구와 인문학

이것은 결국 네 번째 문제로 귀결되는데, 어떻게 해역 연구와 인문학의 연계를 통해 해역인문학이라는 이름에 걸맞는 학문적 정체성을 구성할 수 있을 것인가 하는 근본적인 질문이다. 일반적으로 해양이나 해역 연구라고 하면, 크게 자연과학과 사회과학 분야에서 주로 이루어졌다. 구체적으로는 조선학, 항만학, 해양공학, 지질학, 수산(가공)학, 해양생물학, 해양환경공학 등의 이공학 분야, 그리고 경제학, 법학, 스포츠학, 관광학, 인류학, 민속학 등의 사회과학 영역에서 주로 연구되었다. 인문학 분야에서는 해양문학, 해양사 정도에서 바다와 연관된 연구를 전개했다. 여기에 인류학이나 민속학 분야의 연구자들이 해역에 거주하는 집단과 그 사회의 기층문화를 탐구하였다. 해양문학은 해양을 소재로 한 작가와 작품들을 모은 집합개념이고, 인류학이나 민속학에서의 바다 관련 연구는 바다와 접해있는 지역, 곧 해역에 거주하는 사람들, 특히 폐쇄적으로 전통적인 삶의 방식을 고집하며 자신만의 고유한 문화를 간직하고 있는 집단들에 대한 것으로서 다분히 제국주의적 지역학 연구의 한 형태로 드러난다.

그래서 무엇보다 우리가 앞에서 말한 해역인문학이 되려면 소재적으로 해역이지만, 그 해역에서 인간의 활동과 그것으로 빚어진 다양한 사회문화적 현상 가운데 인간의 삶을 풍성하게 하는 인문학적 자산이 될 수 있는 것을 파악하고, 그것을 보편화하거나 이론화는 것이다.

그렇다면 앞에서 언급한 것처럼 역시 '해역세계'라는 말이 중요하다. 바다를 중심에 놓고 그 주변의 육지를 포함하는 하나의 공간인 해역세계를 제안하여 국민국가와 국경을 자명한 전제로 삼아 그 지리적 틀에 의거해서 과거를 이해하는 태도를 상대화하는 작업에 선구적인 역할을 한 것은 바로 프랑스의 역사학자 페르낭 브로델Fernad Braudel의 저작『펠리페 2세 시대의 지중해와 지중해 세계』이다. 그는 역사를 이끈 동력을 지중해라는 자연환경에서 찾음으로서 세계 해양사 연구에 큰 자극을 주었는데, 지중해를 한 가운데 놓고 바다와 그 주변의 역사를 전체적으로 파악하여 서술하려 했다. 또 역사를 이해하는 데 있어 '지리적 시간(환경과 인간의 관계의 역사)', '사회적 시간(다양한 인간집단의 역사)', '개인의 시간(일어난 일의 역사)'이라는 세 가지 다른 시간의 흐름을 의식할 필요가 있다고 주장했다. 바다를 중심에 두는 이러한 역사 이해 방법은 그 뒤 다른 해역에도 응용되어 많은 성과를 올렸다. 예를 들어, 대서양(해역) 세계, 인도양(해역) 세계, 일본에서는 동아시아 해역이라는 공간을 설정하였다. 또 이러한 해역세계에 대한 설정과 연구는 대륙형 문화모델의 연구시각과 달리 바다와 밀접한 인류활동과 역사경험을 중시하여 세계사와 지역사 연구의 성격을 동시에 가지게 되었다. 유럽의 해양사 연구는 초기 대항해시대의 제국주의적 색채가 강한 유럽 확장사European Expansion의 경향에서 근래에는 다원적인 해양사Maritime History 연구로 변화하였다.[16]

---

16 하네다 마사시, 이수열 역,『새로운 세계사—지구시민을 위한 구상』, 선인, 2014, 133~137면.

우리의 해역인문학은 바로 동아시아 해역을 대상으로 하지만, 그렇다고 이 해역세계를 닫힌 일정한 공간으로 파악해서는 안 된다. 각 해역세계는 독립적 존재가 아니라 복수의 해역 세계가 공존하는 것으로, 또 어떤 특정한 해역세계 안에는 여러 개의 층이 중첩되어 있는 총체로서 존재한다고 이해해야 하는 것이다. 우리가 주장하는 해역인문학은 바로 일차적으로는 동아시아 해역세계를 상정하지만, 그 가운데에는 동중국해, 남중국해, 황해, 동해, 오오츠크해가 있고, 각 해역은 우리에게는 서로 다르게 다가오기 때문에 어디를 좀 더 중점적으로 보게 되는 것도 차이가 있다. 예를 들어, 우리에게는 동중국해와 황해를 중심으로 한 해역세계와 그 해역의 역사가 더 중요할 수 있다. 오오츠크해와 남중국해, 그리고 동해는 아무래도 멀다. 멀다는 말은 그만큼 우리 해역과의 연관이 직접적이지 않다는 뜻이다. 또 동중국해와 황해를 중심으로 한 해역세계에 대해 연구를 더 집중할 수밖에 없는 이유는 바로 이 지역에서의 역사가 한국사, 중국사, 일본사처럼 근대국가의 역사로 나뉘고, 바다의 역사는 그 속의 일부로 취급되어 왔기 때문이다.[17]

그런데 일본의 아시아해역 연구 경향은 근대 이전에 동북아 해역에 존재했던 '바다의 아시아'를 역사적으로 검토하는데 치중해 있다. 하마시타 다케시가 제기한 바대로 외부로 열린 아시아, 교역네트워크로 연결된 자본주의적인 아시아를 연구하는데 모아졌다. 이것은 대외교역을 목표로 동북아 해역에 등장한 서양 세력과의 접촉을 '바다의 아시아'라는 근대 이전 동아시아의 교역네트워크와의 연장선상에서 설명하려는

---

17 하네다 마사시 편, 조영헌 · 정순일 역, 『바다에서 본 역사─개방, 경합, 공생, 동아시아 700년의 문명교류사』 민음사, 2018, 29~30면.

시도이기도 하다. 그런데 근대시기 동북아 해역세계를 대상으로 하는 해역인문학이라면, 일차적으로 이러한 20세기를 전후한 '바다의 아시아'를 잇는 경계를 구체적이고 입체적으로 파악하는 것이 필요하며, 이것은 기존의 동북아 해역 연구 성과의 바탕 위에서 시작되어야 한다. 근대 이전과 이후 동북아 해역을 중심으로 한 지역의 변화를 '바다의 아시아'라는 관점[18]에서 재구再構하는 것이다. 그리고 세부적으로는 20세기 초 급변했던 동아시아 지역 질서를 종래의 국가나 지식인을 위주로 한 변화로만 읽지 않고, 바다 곧 해역을 무대로 이루어졌던 다양한 인간과 집단이 일으킨 사회문화적 현상에 주목하는 것도 해역인문학의 한 과제가 된다.

그 인간들은 근대 이전에는 주로 해적이나 밀무역 상인, 섬이나 연안의 주민들, 외교사절이나 승려 또는 병사들이었다가, 근대 이후가 되면 이들과 함께 서양 상인, 선교사, 고문, 여행객, 노동자, 선원, 해군 등등이다. 이들의 이동과 정주, 그리고 교류가 빚어낸 다양한 역사와 문화가 바로 해역인문학의 내용을 구성한다. 이를 위해서는 이들과 관련된 자료를 발굴하고, 이를 바탕으로 '대륙의 아시아'가 아닌 '바다의 아시아'의 면모를 확인하고, 그래서 지금까지 생각해온 동아시아의 역사를 새롭게 이해하는 계기를 마련하는 것이다. 그리고 근대 이후 국민국가의 제헌制憲 담론에 의해 규정된 동아시아 각국의 근대화를 동북아 해역세계라는 관점에서 재검토하고, 이러한 담론에 의해 배제된 해역의 역사와 문화를 다시 꼼꼼히 살피는 과제도 해역인문학의 몫이다.

---

18 시라이시 다카시, 류교열·이수열·구지영 역, 『바다의 제국』, 선인, 2011, 제8장 참조.

3. 해역민과 해역세계에 대한 연구

무엇보다 중요한 것은 동북아 해역의 각 지역에서 진행되고 있는 해역 연구와 우리의 해역인문학 연구가 어떻게 관계를 맺을 것인가 하는 점이다. 지금까지 일국주의에 기반한 일국사가 동아시아의 근대 역사학에 일반적인 현상이었고, 이로 인해 늘 자신의 지역이나 국가에 국한되는 폐쇄성을 띨 수밖에 없었다. 앞에서 중국의 최근 해양사 연구에 대해서 얘기했듯이, 한국이나 일본학계의 경우 또한 해양사 연구가 자국중심주의에서 자유롭지 않다. 해양이라는 공간이 역사적으로 초국가적이고 탈경계적인 존재인 듯하지만, 적어도 근대에 들어와서는 국가권력의 침투로 말미암아 영해가 탄생하면서 경쟁의 장으로 바뀌었다.

최근 동북아 각국 간 바다에서의 영해분쟁은 19세기 말 20세기 초에 기원한다. 따라서 근대시기 영해분쟁과 바다에 대한 이해는 21세기에도 여전히 유효한 측면을 지니고 있다. 그래서 지금이야말로 개방적 해양인식에 바탕을 둔 해양인문학적 접근이 필요한 시점이며, 이를 통해 국가 간 충돌을 해결할 포괄적 논리의 개발에 주목해야 한다. 자국 이익만을 무조건적으로 앞세우기보다 공동의 바다를 만들려는 노력이 필요하다. 이를 위해 역사학계의 경우도 좀 더 냉정한 시각으로 유럽중심사관 뿐만 아니라 동아시아 중심사관에도 치우치지 않는 균형감 있는 해양사 연구가 요청된다는 지적은 경청할 만하다.[19] 해양영토분쟁은 결국 육지의 국경을 바다에 설정하는 데서 오는 갈등의 표현이다. 근대 이후 지금까지 동아시아에 상존하는 갈등과 대립은 동북아 해역에서도 그대

---

19 조세현, 앞의 글.

로 재현되고 있다. 역사적으로 이곳에서 발발한 해전은 동아시아 지역 갈등의 정점이었다. 근대 동북아 해역은 전쟁의 바다였고, 이를 평화의 바다로 바꾸는 일이 해역인문학의 궁극적인 과제일 터이다. 이를 위해서 해역인문학은 무엇을 해야 할 것인가.

이것과 관련해서는 결국 앞서 말한 한국발 동아시아 담론의 문제의식과 연결지어 말할 수밖에 없다. 1980년대 말 한국에서 동아시아를 소환하는 것은 해양영토분쟁과 같은 동아시아 지역의 현안들 때문이다. 이것은 근대 동아시아의 역사에서 빚어진 역사인식, 영토분쟁, 정치 논쟁 심지어 혐한, 혐중, 혐일과 같은 표현처럼 감정적 대립에 이르기까지 그 몰이해와 갈등이 극에 달하고 있는 상황과 관련된다. 한반도 분단, 역사 해석과 영토 문제, 환경문제 등은 정치 외교적 문제이지만, 그 실제적 해법은 결국 동아시아 지역민들의 상호 이해와 공동의 노력에서 찾을 수밖에 없다. 동아시아론을 주창한 지식인들은 동아시아 문명이 자본주의 문명을 대신할 대안문명으로 성장할 가능성을 보고 근대를 극복하는 대안적 발전 패러다임을 구축하자고(백낙청) 하고, 이를 위해서는 동아시아를 고정된 실체로 간주하지 않고 자기 성찰 속에서 유동하는 것으로 파악하고 그에 입각한 실천을 통해 만들어나가는 '지적 실험으로서의 동아시아'를 구상해야 한다고 본다. 또한 '단일의 국민국가'라는 거버넌스 형태를 뛰어넘어 다양하고 유동적인 국가 결합 형태인 '복합국가론'의 실험을 시도해 볼 것을 제안하기도 한다. 또 일본의 비판적인 학자는 일본제국주의와 냉전이라는 역사적 조건으로 인해 '적대'와 '무시'가 동아시아 지역의 주요한 감각구조가 되어 왔다면, 자아와 타자 간의 거리 및 관계에 대한 관념 · 감각 · 경험들로 이루어진 새로운 '영토'

를 탐색하는 '리저널리즘'은 제안하고, 이것이 상호 이해를 증진하고 편협한 주체성을 반성하는 새로운 지역감각을 가능케 할 것이라고 전망하기도 했다.

그런데 여기에 개인적으로 해역인문학의 시각에서 덧붙이자면, 동북아 해역의 시민과 시민사회를 소환하고 싶다. 원래 시민이란 국가의 주도에서 벗어나 사회 영역에서 스스로 주체적인 행동을 통해 삶을 영위하는 존재를 의미한다. 하지만 동아시아는 전통적으로 국가가 사회를 압도했으며, 사회 각 부문의 활동이 국가주도하에 놓여 있었다. 이것이 동아시아에서 근대화와 시민사회 형성을 더디게 한 원인이었다. 동아시아에서 근대화 백여 년이 넘는 기간 동안 국민국가의 수립이라는 근대의 정치적 의제가 중요시되면서 '국민'의 육성이 강조되었던 것, 그리고 사회주의 중국 역시 혁명의 주체로서 '인민'을 강조해왔던 것에서 알 수 있듯이, '국민'이든 '인민'이든 국가(정부)에 의해 양성되는 수동적인 개념이 중요시되었다면, 이제 21세기는 주체적인 개인이 자유롭게 소통하면서 집단적인 의견을 표시하는 시대가 되었다. 그래서 한 국가에 속하지만 그 경계를 뛰어넘는 동아시아의 성숙한 시민이 중요하다. 그런데 오늘날처럼 '시민'이라고 명명하지는 않았지만, 이미 근대 초기 동아시아의 여러 지식인들에 의해서 '주체적인 개인'은 궁극적인 목표로서 제기되었다. 이렇게 본다면 동아시아의 시민 형성은 근대 초기로 거슬러 올라가서 살펴볼 수밖에 없다.

앞에서 동북아 해역세계에 등장한 다양한 사람들과 사회에 대한 연구를 바탕으로 그 사람들의 무늬人文를 담아서 기존의 서구 시민 개념이나 전통적인 군자 개념과 대비되는 인간형을 찾아내는 것이 또 하나의 해역인문학의 궁극적인 과제다. 사실 해역에 활동했던 군상들은 전통적으로 보면 주류는 아니다. 그리고 해역 자체가 중앙이 아니었다. 기본적으로 주변이며, 그래서 주변이 가진 저항의 정신이 있다. 근래 동아시아에서 비조직네트워크의 중심으로서 두각을 드러내고 있는 시민(사회)에 대한 학문적 정립이 필요한 시기인데, 해역민들이 지닌 정서와 사유는 이를 위해 중요한 자산이 될 수 있다. 다시 말해 동아시아 시민학이라는 것이 가능하다면, 그 인문학적 토대로서 동북아 해역이다.

자유와 평등이란 서구 근대문명의 가치를 구현하는 진정한 민주주의 사회의 실현은 결국 성숙된 시민에 의해서 가능하다. 그래서 이러한 시민을 육성하는 일이 중요한데, 이를 위해서는 서구 근대의 인문학적 가치를 적극적으로 수용하면서, 동시에 동북아 해역의 전통 속에 내장된 다양한 공동체 형성과 인간적인 유대의 경험을 복원하고 이를 민주적 가치와 융화시켜내는 이론적 작업이 필요하다. 또 근대 이후 전쟁과 식민지 등 굴곡의 역사를 공유한 동아시아에서 상호간의 오해를 불식하고 진정한 소통과 평화를 추구하는 실천적 과제로서 동북아 해역이다. 다시 말해 역사인식을 비롯해 엄중한 동아시아 지역의 상호 오해와 차별은 결국 동아시아의 성숙된 시민과 시민운동을 통해서만 극복할 수 있다. 그런 점에서 이러한 질곡을 극복하기 위해 노력했던 근대 동북아 해역인들의 교류와 연대 등을 발굴해내고, 이를 적극적으로 사상적 자원으로 만들어야 한다.

4. 해역인문학의 과제

부경대학교 인문한국플러스사업단은 해역을 바다와 그것에 면한 연해지역 일부만을 가리키는 것이 아니라, 바다-연해지역-배후지로 이어지는 인간 활동의 연속적이면서도 분절적인 기반으로 정의한다. 그리고 망 중앙(수도) 중심, 도시 중심으로 논의되어 온 동북아 지역을, 바다를 통해 국가를 가로지르는 트랜스내셔널의 차원과, 국가 간 관계의 영향을 받거나 국가의 통제가 작용하는 내셔널의 차원, 바다의 구심력과 원심력에서 기인하는 로컬의 차원이 동시에 작동하고 길항하는 복합적이고 중층적인 세계로 파악할 수 있다고 전제했다. 로컬과 내셔널과 트랜스내셔널이란 세 차원이 공존하는 (동북아)해역이라는 문제적인 장소는 '지적 실험'이나 '사상과제로서의 동아시아'의 핵심적인 공간일 수 있다. 백영서가 말한 '핵심현장'이나 '이중적 주변'의 대상이기도 하다.

또 이론적으로는 '바다의 아시아'나 '해역아시아사'를 제창하는 일본 해역 연구자들의 문제의식을 공유한다. 바다를 중심으로 한 새로운 세계사 쓰기라는 이들의 주장은 종래의 해양사 연구가 지속적으로 추구해온 것인데, 특히 일본은 이와 관련해 '바다의 아시아', '아시아교역권론', '해양문화론' 등의 연구모델로 지역 또는 세계에 대한 인식과 세계사 쓰기를 실천하였다. 해역인문학은 이러한 연구 성과를 수용하면서 한국(부산)발 해역 연구를 통해 이들과 협력을 하고 그 성과를 세계화해야 한다. 이를 구체적으로 어떻게 실천할 것인가 하는 것이 과제의 하나다. 이처럼 해역인문학은 동아시아론을 비롯한 세계화에 대한 대응담론과 연결되면서 인문학에 대한 새로운 접근과도 무관하지 않음을 강조해둬야겠다.

또 동아시아라는 지역연구와도 늘 상호보완의 관계에서 정립해가야 한다는 점도 밝혀두어야겠다. 동아시아 지역연구Area Studies에서 요구되는 포스트-모던 맥락에서 서구적 보편주의와 그에 저항하는 지역연구의 새로운 시각, 지역지식의 재구조화를 바다의 시각에서 구축할 수 있을 것인가 하는 점이다. 세계체제론의 대표적 서양학자인 이매뉴얼 월러스틴Immanuel Wallerstein과 조반니 아리기Giovanni Arrighi의 동아시아에 대한 개념화적 맥락, 즉 전자의 '서구적 외인성外因性'과 후자의 '전통적 내인성內因性'이라는 대립적인 두 시각에도 불구하고, 이들은 현 동아시아 세계에 뿌리 깊게 착근된 서구식 세계체제 모델의 종식과 향후 '신 아시아시대'의 도래를 전망한다는 점에서 공통적이다. 그리고 이들은 또 신 아시아시대의 성격 규명상에서 동서양 융·통합의 혁신적인 '문명시스템'을 상정하고 있다. 이 두 학자의 이론이 새로운 동아시아 다이멘션Dimension으로서의 '지역시스템'을 구상하는 데 유의미한 지식자원으로 활용될 수 있다는 지적[20]에 대해 동북아 해역이라는 지역 연구를 진행하는 해역인문학도 어떤 식으로든 대응해야 한다. 이처럼 해역인문학의 정립을 위해 이론화나 방법론에 대한 사고는 필수적이다.

또 사업단의 사업계획서에서 동북아 구성원의 삶의 터전으로서 해역을 상정하고, 다양한 층위에서 이루어지는 인간의 활동과 그로 인한 사회문화 변용을 인문으로 정의하고, 기존 해역 연구의 관점과 방법을 비판적으로 수용하여 동북아를 새로운 관점에서 고찰하는 동북아 해역인문학의 모형을 정립하고자 한다고 제시했다. 이를 위해서는 구체적

---

20 전홍석, 「동아시아와 문명 : 세계체제론적 전망—서구적 시각을 중심으로」, 『동양철학연구』 99, 동양철학연구회, 2019.

인 연구테마를 찾아내야 한다. 앞의 문제의식을 연구 성과로 드러내려면 19세기 중반을 기준으로 동북아 해역세계의 변화 양상을 집중적으로 검토하는 것이 필요하다. 1800년대 이전과 이후 해역세계의 질서와 체계 및 문화 양상을 비교해서 살피는 것이다. 그 안에는 교류의 형태도 포함된다. 또 중요한 것은 '중심 없는 역사쓰기'를 의식하면서도 한국, 그리고 부산이라는 지역을 중심으로 한 동북아 해역세계라는 관점에서 세부적인 연구 과제를 설정해야 한다. 그리고 인간의 이동을 살피되 비조직네트워크에 주목해야 할 것이고, 또 그 인간의 군상 가운데서도 관료와 지식인보다 상인 등의 계층에 더 착안해야 한다. 그리고 이러한 연구를 뒷받침할 자료를 수집하고 정리하는 일이 필요하다. 앞에서도 언급한 바 있듯이, 무엇보다 지금까지 공식화된 자료보다 비공식화되거나 해역 지방에 국한된 자료들이 더 중요해지기 때문에 그와 같은 자료들을 어떻게 수집하고 또 이것을 토대로 어떻게 연구를 진행할 것인가에 대해 고민해야 한다. 또 마지막으로 해역민들이 지닌 감수성과 사유를 어떤 식으로 동아시아 시민의 양성을 위한 자원으로 만들어낼 것인가와 관련된 연구가 중요하다. 전통적으로 주변화되고 소외되었던 해역, 그리고 해역민들의 삶과 생활을 복원해서 이를 동아시아 공공성 구현을 위한 자원으로 어떻게 활용할 것인지에 대한 문제의식에서 출발하는 연구여야 한다.

인문학은 인간과 인간, 인간과 세계가 공존할 수 있는 유토피아적 이상과 이념을 담고 있는 학문이다. 인문학은 애초부터 화해를 자신의 주요 이념으로 삼고 있었다. 근대 이후부터 현재까지의 동아시아 지역의 상황을 보면 더욱 화해의 인문학이 절실하다. 일본제국주의자들이 자신들의 침략과 식민지 지배를 미화하기 위해 "전쟁도 동아시아 지역의 교류와 연대의 한 형태"라고 했던 극언이 떠오른다. 정도는 다르지만 여전히 세계는 전쟁과 분쟁으로 인한 인간 대 인간, 인간 대 자연, 국가 대 국가 간의 불화가 증가하고, 그만큼 폭력도 증대하고 있다. 해역인문학 역시 공생과 화해의 정신을 구현하는 인문학 본연의 역할에 충실해야 한다. 그렇기 때문에 현대 세계에 상존하는 이러한 갈등과 대립을 극복하기 위해 해역세계를 통해 세계와 그 변화를 관망하는 방법론을 제시하고, 또 동북아 현상의 역사적 맥락과 이문화간 접촉, 갈등, 교섭의 경험을 발굴하여, 상호 이해와 공감, 연대의 길을 모색해야 할 것이다.

| 참고문헌 |

부경대 인문한국플러스사업단 편,『동북아 해역과 인문네트워크』, 소명출판, 2018.

마루카와 데쓰시, 백지운 · 윤여일 역,『리저널리즘』, 그린비, 2008.

모모로 시로(桃木至朗) 편, 최연식 역,『해역아시아사 연구 입문』, 민속원, 2012.

시라이시 다카시, 류교열 · 이수열 · 구지영 역,『바다의 제국』, 선인, 2011.

양궈전, 김창경 외역,『해양문명과 해양중국』, 소명출판, 2019.

하네다 마사시, 이수열 역,『새로운 세계사-지구시민을 위한 구상』, 선인, 2014.

하네다 마사시 편, 조영헌 · 정순일 역,『바다에서 본 역사-개방, 경합, 공생, 동아시아 700년
　　　의 문명교류사』, 민음사, 2018.

하마시타 다케시, 서광덕 · 권기수 역,『조공 시스템과 근대 아시아』, 소명출판, 2018.

김도식,「'통일인문학'의 개념 분석」,『통일인문학논총』 51, 건국대 인문학연구원, 2011.

강봉룡,「'섬의 인문학' 담론-섬과 바다의 일체성과 양면성의 문제」,『도서문화』 44, 도서문화
　　　연구원, 2014.

박명림,「사회인문학의 창안 '사회의 인문성' 提高, '인문학의 사회성' 發揚을 위한 융합학문의
　　　모색」,『東方學志』 149, 연세대 국학연구원, 2010.

백영서,「지구지역학으로서의 한국학의 (불)가능성-보편담론을 향하여」,『東方學志』 147, 연
　　　세대 국학연구원, 2009.

_____,「사회인문학의 지평을 열며-그 출발점인 '공공성의 역사학'」,『東方學志』 149, 연세
　　　대 국학연구원, 2010.

이창남,「글로벌 시대의 로컬리티인문학-개념과 과제를 중심으로」,『로컬리티인문학』 1, 한
　　　국민족문화연구소, 2009.

전홍석,「동아시아와 문명 : 세계체제론적 전망-서구적 시각을 중심으로」,『동양철학연구』
　　　99, 동양철학연구회, 2019.

정문수,「방법론적 해항도시와 해역 연구」, 부경대 인문한국플러스사업단 편,『동북아 해역과
　　　인문네트워크』, 소명출판, 2018.

조세현,「해양사와 중국해강사 사이-연구현황과 과제」, 부경대 인문한국플러스사업단 편,
　　　『동북아 해역 인문네트워크의 근대적 계기와 기반』, 소명출판, 2019.

조윤경,「접두어 'trans-'의 인문학적 함의-탈경계 인문학 Trans-Humanities연구를 위한 개념
　　　고찰을 중심으로」,『탈경계인문학』 3-3, 이화여대 이화인문과학원, 2010.

해역의 개념과 구성요소

곽수경

1. 해양 연구에서 해역 연구로

국민국가를 단위로 하는 국가주의를 탈피하여 동아시아를 하나의 공동체로 보려는 시도들이 있어 왔다. 하지만 그것은 내부적으로 국민국가를 기준으로 형성된 집단들이 존재함으로써 그 틀을 벗어나기 힘든 부분이 있었다. 따라서 그것을 벗어날 수 있는 새로운 틀과 공간 인식이 요구되었고, 결국 해양의 관점에서 동아시아 공동체를 인식하는 경향으로 나타나게 되었다. 육지에서 해양으로 시선을 돌려 활발하게 진행되던 동아시아 연구는 최근에는 다시 해역으로 이동하고 있다. 해양에 대한 관심이 육지를 중심으로 세계를 해석해 왔던 시각에 대한 반성이었다고 한다면 해역에 대한 관심은 그것과도 차이가 있다. 해양이 육지와 양립하는 요소로 간주되었다고 한다면 해역은 해양을 구역 지으면서도 그 자체가 복잡한 요소들로 구성된다는 점에서 일반화를 벗어나면서도 복합적인 시각에서 해석하겠다는 의도가 있다고 하겠다.

　동아시아론이 개별 국가를 탈피하여 동아시아의 공통현상을 해석하려고 했지만 여전히 육지 중심이었다고 한다면, 그 시선을 해역으로 돌린 대표적인 연구경향이 해역아시아사론과 동아지중해론이라고 할 수 있다. 즉 동아시아론이 동아시아국가들을 하나로 보고 그 속에서 공통의 무엇을 찾고자 했다면 해역아시아사와 동아지중해론은 아시아의 바다를 중심으로 아시아를 보려는 시도로, 해양 연구와도 다르다. 1976년 일본학자 고쿠부 나오이치國分直一가 처음 제기했던 동아지중해라는 개념은 주로 경제사나 대외관계사 연구자에 의해 발전적으로 계승되었고[1] 우리나라에서는 윤명철이 적극 도입하여 동북아시아를 둘러싸고 있는 바다를 중심으로 동북아시아를 새롭게 해석하기 위해 노력하고 있다. "동아시아의 역사는 대륙을 중심으로 한 육지 위주의 질서로서만 해석할 수 없고 자연환경과 역사적 환경 등을 고려한 동아지중해적 성격 속에서 해석을 해야 그 성격을 규명할 뿐만 아니라 구체적으로 이해할 수 있"[2]다는 것이다. 모모키 시로桃木至朗 같은 일본학자들은 해역아시아사라는 명명을 제안하고 동아시아, 남아시아, 동남아시아 등과 같은 육지의 시점이 아니라 이들 지역이 공유하는 해역을 중심으로 아시아를 새로운 덩어리로 보고 역사를 해석하려 한다. 이들의 아시아 읽기는 육지를 중심으로 한 국민국가 단위도 아니고 아시아의 해역도 아니며 해역

1　대림검, 「동아시아 공동체에 있어 해역 공간의 재인식」, 『아세아연구』 60-4, 고려대 아세아문제연구소, 2017, 215면.
2　윤명철, 「장보고의 해양활동과 국제관계－東亞地中海論을 중심으로」, 『해양정책연구』 16-1, 한국해양수산개발원, 2001, 308면.

을 중심으로 아시아를 보려는 시도인 것이다.[3] 이런 동아지중해론이나 해역아시아사론은 결국 대상을 보는 기본시각과 태도가 상통하며, 동북아 해역 연구 역시 이들과 동일 궤도에 있다.

해역을 통해 동북아시아를 재인식하려는 이런 시도들은 시대에 따라 주목해야 할 대상과 의미가 다르다. 즉 근대에는 대륙 간 이동의 경우 바닷길이 크게 역할을 했다. 바닷길을 통해 인적, 물적 이동이 이루어졌고, 그에 따라 문화도 전파되었다. 항구는 해역네트워크의 거점으로 매우 중요한 역할을 했다. 바다를 따라 항구에서 항구로의 이동은 해역 간 교류를 가능하게 하는 한편 항구는 바다와 육지를 연결하는 관문 역할을 했다. 따라서 근대시기 해역 연구는 개항과 개항장, 항로, 이주, 지식과 문화, 문물 전파 등에 주목한다. 현대에는 바다는 여전히 해상수송로로서 대단히 중요하지만 하늘길이 열리면서 인적 이동은 대부분 하늘을 통해 이루어지고 통신수단이 발달하면서 문화는 인터넷 등을 통해 급속히 전 세계로 전파되고 있다. 대신 바다가 가지고 있는 다양한 가치가 주목받으며 세계 각국이 바다에 대해 보다 많은 권리를 가지기 위해 다투고 있다. 따라서 현대에 해역 연구는 이전 시기의 연구가 여전히 유효하다는 전제와 더불어 도서 분쟁이나 해양 갈등, 해양권 등으로 확장될 수밖에 없다. 이처럼 동북아 해역이라는 공간범위 속에서 한중일 3국의 관계를 살피는 것은 육지 중심의 시각 속에서 간과되었던 역사현상을 재발견하고 미래의 변화를 가늠해본다는 점에서 매우 중요하다.

여기에서는 "동북아 해역과 인문네트워크의 역동성 연구"라는 어젠다를 두고 세부주제를 연구하기에 앞서 해역과 관련한 기본 개념과 연

---

3   모모키 시로 편, 최연식 역, 『해역아시아사 연구 입문』, 민속원, 2019, 11면.

구의 범주를 정리하고자 한다. 이를 위해 먼저 해역의 개념과 해역의 구성 요소를 살피고, 이를 통해 동북아 해역 연구의 세부주제 등을 도출할 것이다. 이 글은 동북아 해역에 관한 본격적인 세부주제 연구에 앞서 연구의 방향을 설정하기 위한 시론적 성격이 강하며, 향후 지속적인 연구를 통해 문제의식을 심화 발전시키고자 한다.

2. 해역의 개념과 동북아 해역

해양과 해역의 개념을 가장 단순하게 구분하자면 해양은 바다 일반을 가리키는 데 반해 해역은 바다의 일정 구역을 가리킨다. 하지만 양자의 차이는 단순히 바다의 공간 범위에만 있지 않다. "해역은 해양과는 또 다른 개념으로, 그것을 단순히 바다 위의 일정 구역이라고 했을 때는 해양보다 좁은 범주이지만, 섬, 해양, 육지와 같이 그것을 구성하는 요소들이 다양하기 때문에 그에 대한 해석 또한 단순하지 않다."[4] 해역이라는 말은 다양한 영역에서 관습적으로 사용되고 있고, 비슷한 의미로 해양세계와 같은 용어가 사용되기도 하며[5] 해양과 혼용되는 경우도 많이 있으므로 해양과 해역의 사전적 의미부터 살펴보도록 하자.

해양海洋은 우리말로는 바다라고 하며 바다는 '받아들이다'라는 어원에서 유래했다고 한다. 한자의 뜻을 풀이하면 해海는 바다를 통칭하

---

4 곽수경, 「해양네트워크의 관점에서 본 청산도 슬로관광」, 『동북아문화연구』 62, 동북아시아문화학회, 2020, 5면.
5 홍석준, 「동아시아의 해양세계와 항구도시의 역사와 문화」, 『도서문화』 29, 국립목포대학교 도서문화연구원, 2007.

는 말이고, 양洋은 먼 바다를 의미한다. 영어에서 바다를 가리키는 단어로는 Sea, Ocean, Maritime, Marine이 있다. Sea는 해海와 같이 대체로 바다 일반을 가리키는 말로 Land에 상응하는 개념이며 가까운 연안에서 대양에 이르는 바다 전체를 포괄한다. Ocean은 연안 역을 벗어난 대양大洋을 의미하고, Maritime은 항해 기술, 선박, 항만 등 어업 이외의 바다와 관련된 영역을 의미한다. 동아시아에서는 대체로 해사海事로 번역하며 해상교통, 배와 선박기술 등을 대상으로 하는 개념이다. Marine은 Maritime보다 넓은 의미이다. 가령 Marine Tourism(해양관광)이 해안과 해양을 포괄하는 해양레크리에이션을 뜻할 때 그렇다. 이 경우 일이 행해지는 공간 영역을 의미하는 경향이 크다. 해양문화는 해사Maritime를 중심에 두고 연안Coast과 대양Ocean을 포괄하는 개념이다.[6]

우리말에서 해역의 사전적 의미는 '바다 위의 일정 구역'이지만 일반적으로는 "주로 공간적으로 그것을 나누는 경계를 획정하고 정확한 범위를 설정하기보다는 매우 광범하고 관습적인 공간인식을 바탕으로 사용된다".[7] 가령, 부산 해역, 동북아 해역, 태평양 해역, 대서양 해역, 동쪽 해역, 서쪽 해역, 연안 해역처럼 지리적으로 구분할 수도 있고, 특별관리 해역, 환경보전해역 등과 같이 목적에 따라 구분할 수도 있다. 또한 항만·산업 해역, 보전 해역, 일반이용 해역, 군사이용 해역, 수산양식 해

---

6 부산역사문화대전, 개념용어(기획) "부산의 해양문화"(http://busan.grandculture.net/
   Contents/Index?local=busan) 참고. 안미정은 하네다 마사시 편, 현재열·김나영 역, 『17∼
   18세기 아시아 해항도시의 문화교섭』, 선인, 2012에서 maritime world를 해역세계(海域世
   界)라고 번역했는데, 이는 바다에 일정한 구역, 권역의 바운더리를 상정함으로써 해(海),
   해양세계라는 말과 비교할 때 상대적으로 영역성(territoriality)이 내포되어 있다고 했다
   (안미정, 「도시 분류를 통해 본 해항도시의 개념적 특징」, 『해항도시문화교섭학』 9, 한국
   해양대 국제해양문제연구소, 2013, 304면 각주 75 참고).
7 곽수경, 앞의 글, 7면.

역 등 이용실태에 따라 구분할 수도 있다. 심지어 우리나라 해역, 관할 해역, 인접 해역, 중첩 해역, 주변 해역, 해당 해역처럼 다양한 관형어를 사용하기도 한다. 따라서 해역은 그것이 가리키는 범위 자체가 매우 가변적이며 관습적으로 사용되는 경우가 많다는 것을 알 수 있다.

바다는 경계가 없다고 여겨졌지만 현대에 들어 그것이 해양영토로서, 자원의 보고로서, 해상수송로로서, 안보와 직결된 요충지로서와 같이 무한한 가치가 있다는 사실이 인식되면서 세계 각국 간에는 보다 넓은 해역을 차지하기 위한 갈등과 분쟁이 끊이지 않고 있다. 특히 동아시아 국가들은 근대시기 피식민의 경험과 그것의 극복과정에서의 복잡한 상황이 존재하고, 동북아시아 3국은 지리적으로 가까워 유엔해양법협약이 정하고 있는 각국의 해역마저 확보할 수가 없어 관련 분쟁이 적지 않다. 유엔해양법협약은 바다에 관한 국제법으로, 세계 각국이 바다에 대한 주권과 관할권을 행사하고 자원 남획이나 환경오염으로부터 바다를 지키기 위한 세계의 약속이다.

원래 바다는 중요한 교통로이자 식량자원의 원천이었으며, 사람들은 열린 바다를 통해 자유롭게 왕래했다. 하지만 신성로마제국이 각 독립 국가들로 대체되면서 16~17세기 각국은 영토를 보유하게 되었다. 그에 따라 연안국은 연안의 바다까지 규제하는 관할권을 가질 수 있다는 생각을 하게 되었는데 당시 국가들은 지나치게 넓은 연안수역까지 자국 영토라고 주장하였다. 그들은 네덜란드 휴고 그로티우스의 자유해양론(바다는 소유가 불가능하다)과 영국 쎌던의 폐쇄해양론(바다는 국가가 지배할 수 있다)을 두고 논쟁했다. 18세기 들어 많은 해양강국들이 식민지와 교역을 하는 데 있어서 필요하게 되자 점차 자유해양론이 우세하게 되었다. 이와 더불어 '무기의 힘이 끝나는 데서 영토의 권력도 끝난다'는 주장에서 유래하여 영해의 폭은 대포의 사정거리와 동일해야 한다는 견해가 받아들여져 3해리로 굳어졌다. 19세기까지만 해도 국제해양법은 일부 해양강국의 실행을 바탕으로 한 관습법으로 존재했지만 19세기 말에 해양법을 법전화하자는 움직임이 일어났다. 제2차 세계대전이 끝나고 각국이 국가 재건에 나서면서 해양자원에 주목하기 시작했다. 수산자원은 물론이고 심해저에 있는 광물자원이 미래 경제 성장의 주요 동력이 된다는 사실이 알려지면서 해양 경계와 자원 개발에 관련한 분쟁이 증가하게 되자 해양에 관한 국제규약이나 기준이 필요하다는 것을 절감하게 되었다. 그리하여 약 40년 동안 3회에 걸친 유엔해양법회의를 통해 오늘날 유엔해양법협약을 채택했다.[8]

1958년 제1차 유엔해양법회의에서 영해와 접속수역, 공해公海, 어업 및 공해의 생물자원 보존, 대륙붕에 관한 4개 조약을 채택했다. 하지만 여전히 영해의 폭을 비롯한 많은 문제들을 해결하지 못하고 넘어갔는데, 이를 해결하기 위해 1960년 제2차 해양법회의가 개최되었다. 이때도 여전히 국가 간 입장 차이가 커서 합의문 도출에는 실패했다. 이후 9년간, 16차례의 회기, 총 93주간이라는 인류역사상 가장 긴 국제회의 기간을 거쳐 1982년 제3차 회의에서 유엔해양법협약을 채택했다. 조항에 명시된 대로 60번째 비준서 또는 가입신청서가 기탁된 날짜로부터 12개월째 되는 날에 효력을 발한다고 하여 1994년 11월 발효되었다. 2015년 1월 현재 166개국이 가입하였다.

1994년 발효된 이 협약은 제1차 유엔해양법회의에서 확정하지 못한

---

8   유엔해양법협약의 경과는 박찬호·김한택,『국제해양법』,㈜와이북스, 2016, 21~26면 참고.

대륙붕의 법적 정의를 분명히 하고, 영해의 범위를 12해리로 획정하였으며, 배타적 경제수역과 심해저 광물자원, 해양오염 방지에 관련된 국가의 권리와 의무, 국제해양법재판소 설치 등에 대한 국제적 기준을 마련했다. 그 이전까지는 연안국의 주권이 작용하는 영해를 3해리로 규정했으며 나머지 해역은 모두 공해로 설정하고 바다는 주인이 없다는 공해 자유의 원칙을 적용했다. 이 경우 연안국의 영해가 되는 3해리 이외의 나머지 해역에서는 다른 나라들이 자유로이 어업활동 등을 할 수 있었기 때문에 어업기술과 항해술 등이 낙후한 개발도상국들에게 불리했다. 그리하여 개발도상국들의 반발이 심했다. 이에 개발도상국과 선진국의 입장을 절충하여 영해를 12해리까지로 연장하고 배타적 경제수역을 신설하여 영해기선으로부터 200해리 경계를 제시하게 되었다. 배타적 경제수역은 200해리 이내의 상부 수역은 물론이고 해저와 하층토까지 포함하며, 연안국이 이 수역 내의 생물자원과 비생물자원에 대한 탐사, 개발 이용 권리를 소유하는 동시에 해양생물자원을 관리하고 보호할 책임을 지도록 하였다. 이렇게 함으로써 개발도상국의 권익을 일정 정도 보호하면서도 공동의 이익을 추구하는 동시에 바다를 지속가능한 방법으로 이용할 수 있도록 하자는 것이었다.

그럼에도 불구하고 미국 같은 경우 제1회부터 줄곧 유엔해양법회의에 적극 참가하였으면서도 자국의 이익이 제한될 것을 우려한 상원의 거부로 유엔해양법협약에 가입하지 않고 있는데, 이는 바다의 가치가 얼마나 무궁무진한지를 역설적으로 말해주는 예이다. 하지만 "미국을 제외한 대부분의 국가는 유엔해양법협약을 비준하고 국내법의 제정을 통해 해양영토 및 관할해역의 확장에 국가적 최우선 순위를 부여하고 있으며, 미국은 유엔해양법협약에 가입하지 않고서도 동 협약에서 규정하는 관할 해역에 관한 국익을 추구하고 있다".[9] 한중일 3국은 모두 각각 1996년 유엔해양법협약을 비준하고 그에 의거하여 국내해양법을 정하고 있지만 유엔해양법협약이 강제적인 것은 아니어서 대향국對向國 간의 이해 충돌로 갈등을 유발하고 있다.

유엔해양법협약은 연안국의 해역을 해안에서부터 차례로 내수, 영해, 접속수역, 배타적 경제수역, 대륙붕, 심해저, 공해 등으로 범주화하고 그에 따른 권리를 달리 설정하고 있다. 즉 영해는 영해기선으로부터 12해리를 넘지 않는 수역으로, 연안국의 주권이 미치는 영역이다. 배타적 경제수역은 영해기선으로부터 200해리를 넘지 않는 수역으로, 연안국이 관할권을 행사할 수 있다. 그리고 육지 영토의 자연적 연장인 대륙붕은 대륙변계의 바깥 끝까지, 또는 영해기선으로부터 200해리까지의 해저 지역의 해저와 하층토를 말하는데, 연안국이 탐사와 천연자원 개발에 관한 주권적 권리를 행사할 수 있다. 이렇게 볼 때 해역은 해상만이 아니라 해저까지 포함하며 그에 대한 연안국의 권리는 주권, 관할권, 주권적 권리 등 다양하다는 것을 알 수 있다. 각국이 유엔해양법협약을 근거로 자국의 상황과 이익에 맞게 국내해양법을 제정하고 있지만, 유엔해양법협약의 조항이 애매한 부분이 있고 연안국 간의 바다 폭이 좁거나 각국이 보다 넓은 해역을 차지하기 위해 억지스레 영해기선을 정하고 도서 영유권을 주장하는 등의 문제로 인한 갈등이 적지 않아 해역 경계를 획정하기 힘든 경우도 많이 있다.

---

9   조동오 외, 『동북아 주요국의 해양관할권 확대 전략과 우리나라 대응방안』, 한국해양수산 개발원, 2008, 20면.

일반적으로 동북아 해역이라 하면 유엔해양법협약에 의거할 때 한중일 3국의 다양한 권리가 미치는 각국의 영해, 배타적 경제수역, 대륙붕과 3국이 공유하는 공해가 포함된다. 쉽게 이해하자면 한반도의 서해,[10] 남해, 동해와 동중국해를 중심으로 중국과 동남아해역이 연결되는 남중국해, 한반도와 일본과 연결되어 있는 오호츠크해까지 포함된다. 이것은 유엔해양법협약의 조항에 따른 물리적 경계일 뿐만 아니라 한중일의 영향력이 직접적으로 미치는 지역이라는 점에서 볼 때도 그러하다. 한반도를 핵심으로 하는 해역에서의 한중일의 관계는 말할 것도 없고 남중국해는 중국, 동남아시아 국가들은 물론이고 미국이나 일본의 이해관계가 얽혀 있는 곳으로, 무엇보다 중국과 동남아시아 국가들 간의 도서 분쟁이 첨예하다. 남중국해는 전 세계 해상운송의 1/3을 담당하고 있고 중국은 원유 수요량의 85%를 남중국해를 통해서 수입하기 때문에 중국에게는 해상수송로로서도 대단히 중요한 해역이다. 일본에게도 중요한 해상수송로이며, 미국 역시 이 해역에서 경제적, 군사적 이해관계를 가지고 있다.[11] 한편 중국은 한반도 동해 쪽으로는 바다를 접하고 있지 않지만 북한과 러시아와 국경을 접한 지린성吉林省 훈춘琿春에서 북한의 나진항을 거쳐 러시아 사할린에 이르는 항로를 개통하기로 했다

---

10 우리나라에서 현존하는 가장 오래된 史書인 『삼국사기』에 동해, 서해, 남해로 표기되어 있으나 1924년 조선총독부가 조선사학회 명의로 간행한 『朝鮮史講座——般史』에서 동해 대신 일본해, 서해 대신 황해로 표기한 지도를 게재했는데, 이런 바다 표기 방식이 해방 이후에도 그대로 전승되었다. 일본해는 동해로 바꿨으나, 황해는 그대로 사용하였고 국제적으로 통용되고 있다. 하지만 황해는 황하에서 연원한 바다라는 의미를 지닌 중국의 바다라는 개념이므로 일본해 표기와 마찬가지로 황해 표기도 우리 명칭을 되찾아야한다는 생각으로 서해라는 명칭을 사용했으나 국제적으로 통용되는 명칭이라는 점에서 다른 학자들이 사용하고 있는 부분은 그대로 두었다.

11 김화진, 「남중국해 분쟁의 현황과 아시아의 국제질서」, 『서울국제법연구』 23-2, 서울국제법연구원, 2016, 2면 참고.

는 보도가 있었다. 중국-북한-러시아로 이어지는 삼각무역에 나진항을 중계거점으로 본격 활용하려 하는 사실들이[12] 동북아 해역의 범위와 구조를 잘 보여준다.

동아지중해의 관점으로 고대 동북아 해역을 연구하는 학자들 중에서 일본학자 센다 미노루千田稔는 동아지중해를 남중국해, 동중국해, 동해, 황해, 발해를 가리키는 용어로 규정했으며, 고쿠부 나오이치國分直一는 오호츠크해, 동해, 동중국해, 남중국해 4개의 지중해로 구성된다고 했다. 독일 뮌헨대학의 중국사 전공자 안젤라 쇼텐함머Angela Schottenhammer 교수는 동중국해, 황해, 동해로 설정했다.[13] 윤명철은 "한반도를 중심축으로 일본열도의 사이에는 동해와 남해가 있고, 중국과의 사이에는 황해라는 內海inland-sea가 있다. 한반도의 남부와 일본열도의 서부, 그리고 중국의 남부지역(양자강 이남을 통상 남부지역으로 한다)은 이른바 동중국해를 매개로 연결되고 있다. 그리고 현재 연해주 및 북방, 캄챠카 등도 동해연안을 통해서 우리와 연결되고 있으며, 타타르해협을 통해서 두만강유역 및 북부지역과 사할린 홋카이도 또한 연결되고 있다"[14]고 하여 이 구역을 동아지중해로 설정하였다. 이처럼 해역을 구분하는 것은 오늘날의 관점에서 적용하는 개념이자 연구방법으로, 이는 세계를 새롭게 해석하려는 또 하나의 노력임을 알 수 있다.

---

12 최영진, 「환동해 島嶼의 공간적 역할과 중층적 관계의 변화─사할린, 울릉도 · 독도 그리고 쓰시마」, 『도서문화』 49, 국립목포대 도서문화연구원, 2017, 178면; 박정우, 「중 '훈춘-나진-사할린 항로 올해 개통'」, 『자유아시아방송』, 2015.10.26.
13 이들은 모두 동해를 일본해로 지칭하고 있어 동해로 수정했으며, 동지나해, 남지나해로 표기한 것도 각각 동중국해, 남중국해로 수정했다.
14 윤명철, 「海岸島嶼 지역과 동아시아의 歷史와 문화」, 『東아시아古代學』 14, 東아시아古代學會, 2006, 6~7면.

이상으로 해양과 해역은 혼용되기도 하지만 분명 차이가 있는 개념이 며, 해양 연구에서 해역 연구로 세분되고 있다는 것은 양자의 차이가 인 식되고 있음을 반증한다는 것을 알 수 있다. 해양이 아닌 해역이라고 할 때는 해당 해역을 특화하거나 다른 해역과 구별해야 할 목적이나 필요 가 있음을 의미한다. 따라서 동북아 해역 연구는 동북아 해역을 중심으 로 한중일 간에 어떤 현상이 일어났고 어떤 영향관계를 주고받았으며 그 것은 어떤 의미를 가지고 있는지, 그리고 다른 해역과의 차별성은 무엇 이며 또 그들과는 어떤 연결성을 가지고 있는지 등을 살펴야 할 것이다.

3. 해역의 구성요소

앞에서 해양이 바다 일반을 의미함에 반해 해역은 바다의 일정 구역 을 의미한다는 점에서 본다면 해양이 해역보다 큰 범주라고 볼 수 있지 만 해역은 단순히 바다만을 포함하는 것이 아니기 때문에 양자의 공간 적 범주를 비교하는 것은 간단한 문제가 아니라고 했다. 그렇다면 해역 을 구성하는 요소들은 어떤 것들이 있는가? 바다를 일정 구역으로 나누 었을 때, 그 안에는 크게 해당 바다, 바다에 있는 섬, 그리고 바다와 접하 고 있는 해안지역 등이 포함된다.[15] 그리고 이들의 상호 관계와 영향력 은 내륙까지 확장될 수 있다. 해역사를 연구하는 학자들 역시 바다에서 의 현상들뿐만 아니라 그것의 연결성과 상호 영향관계를 대단히 중시

---

15 해역에는 엄밀하게는 대륙붕과 심해저와 같은 해저까지 포함되지만 그것들은 바다이면 서 동시에 육지의 연장이므로 여기에서는 따로 다루지 않기로 한다.

한다. 그들은 "'해역사'라고 하는 것은 항해, 무역, 해적, 해상민 등과 같은 바다의 세계 그 자체의 역사만이 아니라 바다를 둘러싸고 있는 육지들 사이의 교류와 투쟁, 해상과 육상의 상호작용 등을 포함하며, '아시아사'(…중략…)에는 '북·동 아프리카', '남태평양·오스트레일리아' 등도 배제하지 않는다"[16]고 하면서 바다와 육지의 상호 연결성을 함께 보고 해석하려 한다. 가령 '바다의 세계는 육지 농민의 세계와 연결되어 서로 영향을 주고받았다. 바다의 세계는 서아시아와 같이 사막의 세계나 유목민의 세계와 직접 접촉하는 경우가 있을 뿐 아니라, 항구도시와 오아시스도시가 비슷한 것처럼 아시아 동방의 해역세계는 중앙유라시아의 실크로드세계와 많은 공통점을 가지고 있다. 따라서 농업세계와의 연관, 상호작용을 염두에 두고 있으며, 실크로드나 중앙유라시아 국가와의 비교도 시도하고 있다.'[17] 이처럼 해양과 해역의 차이는 해역을 구성하는 요소들에 있으며, 따라서 해역 연구는 그 관점을 바다와 육지의 상호관계에까지 확장하는 경향을 보이고 있다.

다음에서 해역을 구성하는 이들 요소의 특성과 관련 연구주제를 살펴보도록 하자.

1) 바다

바다는 육지와 함께 지구를 구성하는 양대 요소로, 지구는 30%의 육지와 70%의 바다로 이루어져 있다. 그래서 혹자는 우리가 생활하는 이 행성을 지구가 아닌 해구海球, 혹은 수구水球라고 불러야 한다고 주장한

---

16 모모키 시로 편, 최연식 역, 앞의 책, 11면.
17 위의 책, 23~24면.

다. 인류는 호모 사피엔스 단계에 접어들어 도구가 발달하게 되자 이전보다 활발히 바다로 진출할 수 있었으며 역사시대에 들어 배와 항해술이 발달하면서 해역 간의 이동이 이루어질 수 있었다. 바다는 원래 경계가 없이 하나로 연결되어 세계를 이어주는 통로로, 고대부터 사람들은 바다를 이용해서 대륙 간 이동을 하고 물자를 실어 나르며 상호 영향을 주고받았다. 그것은 때로는 교류의 형태로, 때로는 갈등의 형태로 나타났는데, 지배와 피지배, 제국주의와 식민지 등과 같은 육지의 권력이 바다에도 적용되어 오늘날의 유엔해양법협약에 따른 해역 경계와는 다른 경계가 생겨나게 되었다. 원래 "토지 지배를 기반으로 성립된 육지국가에서 바다를 근간으로 형성된 해역은 경계가 정해지지 않는 존재였다. 육지국가에게 바다는 새로운 문물과 문화 정보가 유입되는 곳으로 약간 불편하고 성가신 존재였다. 따라서 바다를 나누고 바다를 국경으로 만들어냄으로써 명확한 국가 이념이나 국가 통치의 틀을 만들어가는 일은 육지국가의 중요한 임무가 되었다".[18]

동북아 해역은 국가 간 바다 간격이 좁고 계절풍이나 해류가 있어 한중일의 사람들은 고대에도 쉽게 해역 간 이동을 할 수 있었다. "동아시아의 바다에서 해양활동을 한 사례는 이미 8000년 전부터 나타난다"[19]고 하며 이는 한중일에서 발견되는 고대 유물을 통해 알 수 있다. 동북아 해역에서의 이동이 활발하고 그에 따라 상호 영향관계가 밀접했다는 것은 잘 알려진 역사적 사실들만 보아도 알 수 있다. 가령 중국 진시

---

18 홍석준, 「동아시아 해양네트워크의 형성과 변화」, 『해양정책연구』 20-1, 한국해양수산개발원, 2005, 17면.
19 윤명철, 「漂流의 발생과 역할에 대한 탐구」, 『東아시아古代學』 18, 東아시아古代學會, 2008, 95면.

황의 책사인 서복徐福이 우리나라 남해안을 거쳐 제주도에 왔다가 다시 일본으로 갔다는 이야기나 네덜란드 선원 하멜이 타이완을 거쳐 나가사키로 가다가 제주도에 표착했던 이야기, 신라의 장보고 선단이 한반도 서해안을 종횡무진하며 한중일 중계무역을 했던 이야기나 백제가 바다를 건너 일본에 문물을 전해주었고 백제 말기 일본과의 해양활동을 통해 부흥을 꿈꾸었던 사실, 조선시대 바다를 건너 일본과의 외교에 가교 역할을 했던 통신사 이야기 등이 그러하다. 일본과 신라도 당나라에 견당사 같은 조공사절단을 파견했다. 임진왜란 같은 전쟁도 있었고, 근대시기 제국주의 열강이 동북아국가들의 문호를 두드렸던 것도 바다를 통해서였다. 근대 동북아 해역은 주로 침탈과 착취의 공간으로 작용한 제국의 바다였다. 근대 이전 동북아시아는 중국 중심의 대륙적 위계질서를 가지고 있었지만 "19세기 이후 동아시아 지역이 서양 주도의 세계질서 속에 편입되면서 지역 질서가 급격히 변화하던 시기에 그 변화의 힘은 해양을 통하여 들어온 서양의 강국들에 의해 좌우되었다".[20] 당시 "동아시아 지역 질서를 둘러싼 경쟁에서 해양경쟁은 교역을 위한 시장의 확보뿐 아니라 해상교통로 확보와 전략적 영역 확보의 성격도 가지고 있었다. 동아시아의 해양은 산업화한 서양 강국들의 힘이 유럽을 넘어 멀리 동아시아까지 확장되는 통로였고 동시에 동아시아 국가들이 불평등한 국제질서로 편입되는 통로가 되기도 하였다. 동아시아 국가들의 해양활동은 연안해양에 한정되어 있었지만, 대양을 제패한 서양 제국주의 강국들은 동아시아에 진출하면서 근대적 무력을 바탕으로 안전

---

[20] 김하영, 「동아시아 지역 해양갈등과 한국에 대한 함의」, 『사회과학연구』 24-2, 동국대 사회과학연구원, 2017, 242면

한 항로와 교역로 확보 및 군사전략적 제해권 장악에 중점을 두었다".[21]
이처럼 근대 제국주의 열강들이 바다를 통해 권력을 획득하고 그 과정에서 얽힌 해역 영유권 문제는 오늘날 동아시아 당사국 간의 분쟁의 소재가 되고 있다.

과거 바다의 주된 가치는 수산자원을 얻을 수 있는 곳이자 배들이 오가는 길이라는 데 있었지만 오늘날 세계 각국은 바다의 가치가 무궁무진하다는 것을 인식하게 되었다. 오늘날에는 하늘길이 열리면서 바닷길을 이용하는 사람들은 점점 줄어들었지만 국제 교역은 여전히 대부분 해상수송로를 통해 이루어지고 있고 해양은 해저에 이르기까지 다양한 자원의 공급처가 되고 있다. 그에 따라 바다의 경계 짓기는 더욱 치열해지고 각국은 자국의 주권과 관할권이 미치는 해역을 더 많이 확보하기 위해 애쓰고 있다. 동북아 해역은 각국 간 바다의 폭이 좁은 탓에 고대에는 열악한 조선술과 항해술에도 불구하고 비교적 쉽게 이동하고 교류할 수 있었던 반면 오늘날에는 해양분쟁의 불씨가 되고 있기도 하다. 한중일 3국은 모두 각각 1996년 유엔해양법협약을 발효했는데, 유엔해양법협약은 통상기선이나 직선기선을 사용해서 각국이 영해를 결정하고 겹치는 부분에 대해서는 대향국 간에 협의를 통해서 결정하도록 하고 있다. 일반적으로는 통상기선을 사용해야 하며 예외적인 지리적 조건이 있을 때 직선기선을 적용할 수 있지만 많은 나라가 직선기선의 법적 모호성을 이용하여 자국의 이익을 위해 무리하게 직선기선을 획정하는 경우가 많아서 해역분쟁의 소지가 되고 있다. 통상기선은 썰물 시 해안선을 말하고, 직선기선은 해안선이 복잡하거나 섬이 산재할

21 위의 글, 242~243면.

경우 일정한 지점을 인위적으로 연결한 것을 말한다. 우리나라는 해안선이 단조로운 동해안은 통상기선을 사용하고, 섬이 많고 굴곡이 심한 서남해안은 직선기선을 사용한다. 반면 중국과 일본은 일괄적으로 자국의 전체 해안에 대해 무리하게 직선기선을 적용하고 영해를 가질 수 없는 암초를 영해기점으로 설정함으로써 해양 갈등을 빚고 있다. 즉 3국은 모두 기본적으로 12해리 영해와 200해리 배타적 경제수역을 따르고 있지만 대한해협은 우리나라와 일본과의 거리가 가까운 관계로 3해리를 설정하고 있고, 바다 폭이 400해리가 되지 않아 중첩되는 해역이 존재하는데다가 그 안에 있는 독도와 이어도 등 섬의 영유권 문제와 대륙붕 관할구역 획정 문제 등이 있어 해양 경계를 획정 짓지 못한 채 갈등이 빚어지고 있는 것이다.

영해나 배타적 경제수역과 같이 연안국의 주권이나 관할권이 미치는 해역은 단순히 해양영토나 해양자원을 제공하는 데 그치지 않고 해상수송로나 안보와 직결되는 해양 군사 요충지와 같은 측면에서도 대단히 중요하다. 이는 근대시기 기선 선사와 항로 개설 상황을 통해 제국들의 지배구도와 세력판도 등을 알 수 있는 것과 일맥상통한다. 또한 현재 중국이 추진하고 있는 일대일로一帶一路정책은 곧 중국에서 세계로 통하는 해상교통로一帶와 육상교통로一路를 개척하는 문제이기도 하다. 중국은 에너지를 안정적으로 수송할 수 있는 해상수송로 확보가 특히 중요한데, 앞에서도 인용했던 것처럼 '남중국해는 전 세계 해상운송의 1/3을 담당하며 중국은 원유 수요량의 85%를 남중국해를 통해 수입하기 때문에 이 해역에서 해상봉쇄를 당한다면 몇 달 만에 경제가 붕괴할 수 있다고 본다. 미국과 일본 또한 이 해역에서 이해관계를 가지며 자국의 경제 이익 보호를 위해 해양군사력이 작동하기 때문에 안보 문제와도 직결된다'. 일대일로를 통한 중국 중심의 역학구조의 재편이나 확대는 동북아시아뿐만 아니라 세계적으로 영향을 미칠 확률이 크다. 이처럼 동북아 해역에서의 갈등과 분쟁은 시대를 막론하고 지역 질서의 재편 문제와 연결되어 있는데, 근대 제국주의국가들이 해양력과 군사력으로 해양과 해로를 장악하면서 아시아에 진출하고 지역 질서의 변화를 초래했다고 한다면 현대에는 해역에 대한 경계 짓기를 두고 힘겨루기를 하고 있음을 알 수 있다. 한편 일대일로정책은 그것의 완성 여부와 상관 없이 해로를 통한 해역과 해역 간의 이동, 그리고 해로와 육로의 연결이라는 점에서 그 자체가 하나의 완전한 해역네트워크의 모델이 되며, 해역의 문제가 단지 바다에서 끝나지 않음을 확실하게 보여주는 사례라고 할 수 있다.

2) 섬

우리말 섬의 사전적 정의는 '주위가 수역으로 완전히 둘러싸인 육지의 일부'이다. 섬을 의미하는 한자어 도서島嶼는 큰 섬을 의미하는 도島와 작은 섬을 의미하는 서嶼로 이루어져 있다. 그밖에 바위섬을 의미하는 점苫과 작은 바위섬을 의미하는 초礁도 있다. 유엔해양법협약은 island를 물로 둘러싸여 있고 만조 시에도 수면 위에 자연적으로 형성된 육지지역이라고 규정하고 있다. 국제수로기구는 섬의 크기에 따라 island, islet, rock을 구분하고 있는데, 섬 면적이 10km² 이상이면 island(島嶼), 1~10km²이면 islet(小島), 1km² 미만이면 rock(巖島)이라고 한다.[22]

---

22 최지연 외,『해역의 효과적 관리를 위한 도서 활용 방안 연구』, 한국해양수산개발원, 2017,

섬의 우리말 어원은 '서 있다'에서 비롯되었다는 주장이 있는데, 한자어 도島가 바다에 있는 산에 새가 떠있는 것을 본 따 만들었다는 것과 유사해 보인다. 하지만 바다와 마찬가지로 우리말에서 섬을 지칭하는 단어가 하나밖에 없다는 것은 중요한 화두를 던져준다. 즉 말은 의식을 반영하는 수단인데, 우리말에서 바다나 섬의 어휘가 단일하다는 것은 그것의 쓰임새가 다양하지 못했음을 반영하는 것일 수 있다는 사실이다. 바다가 '받아들이다'라는 어원을 가지고 있다는 것에 대해 포용한다는 좋은 의미로 생각할 수 있지만 바다를 헤치고 나아간다는 진취적인 기상을 볼수 없으며 바다 진출에 소극적이었을 것이라 짐작할 수 있는 것처럼 섬의 경우에도 사람들이 그다지 관심을 가지지 않았으며 제대로 활용하지못했다고 짐작하게 한다. 사실 섬은 항해술이 발달하지 못했던 과거에는긴 항해에 있어서 선박들이 쉬어갈 수 있는 징검다리가 되어 주기도 하고 바다를 표류하던 사람들의 목숨을 구해주는 곳이기도 했다. 하지만일상적으로는 섬은 사람이 살지 못할 곳으로 여겨져 유배지나 방목장등으로 사용되거나 버려졌던 땅이었다. 그래서 사람들은 섬을 중요하게생각하지 않았고 섬사람들을 무시했다. 근대시기 섬은 항구와 더불어 해역네트워크의 연결고리 역할을 했으며, 아시아에서 제국주의 열강이 섬을 점령하고 주둔기지로 이용하는 등 적극 활용했지만 정작 섬을 소유하고 있던 당사국들로부터는 여전히 관심을 받지 못했다.

섬이 관심을 받기 시작한 것은 현대에 들어 섬의 가치가 재발견되면서부터라고 할 수 있다. 오늘날 섬을 차지하기 위한 국가들 간의 분쟁이치열한 이유는 섬 자체의 가치는 물론이고 그것이 영해를 정하는 기준

3~5면 참고.

이 되기도 하고 배타적 경제수역을 가질 수도 있기 때문이다. 유엔해양법협약의 제121조의 3개 항이 섬에 관한 규정인데, 이것은 최악의 조항으로 평가받을 정도로 내용이 애매하여 해석에 논란의 여지가 많다. 유엔해양법협약에서 규정하고 있는 섬은 바닷물로 둘러싸여 있고 만조일 때도 수면 위에 있는 자연적으로 형성된 육지지역을 말하며, 인간이 거주할 수 있고 독자적인 경제활동을 유지할 수 있어야 한다. 섬은 12해리 영해와 24해리 접속수역, 200해리 배타적 경제수역과 대륙붕을 모두 가질 수 있다. 반면 암석은 인간이 거주할 수 없거나 독자적인 경제활동을 유지할 수 없는 곳으로, 12해리 영해만 가질 뿐 배타적 경제수역과 대륙붕을 가질 수 없다. 그래서 많은 나라가 특정 섬들을 자국의 소유라고 주장하고, '인간의 거주가능성'과 '독자적인 경제활동'이라고 하는 모호한 요건을 자국에 유리하게 해석하고, 암석은 물론이고 수중암초에까지 인공구조물을 형성하고 섬으로 인정받기 위해 노력하는 등 논란이 끊이지 않고 있다.

한중일 3국은 모두 세계적으로 섬이 많은 나라에 속한다. 유엔해양법협약의 조항에서도 드러나듯이 섬을 규정하기가 어렵기 때문에 정확한 숫자를 말하기는 힘들지만 대략적으로 한국이 3천여 개, 중국이 6천 5백여 개, 일본이 6천 8백여 개로, 아시아권에서는 인도네시아, 필리핀의 뒤를 이어 섬이 많은 국가들이다.[23] 아시아에서는 대부분 바다의 섬들이 국가 간 해역 경계를 구분하는 기준이 되지만 유럽의 경우는 강이나

---

23 『오마이뉴스』의 기사에서 우리나라는 인도네시아, 필리핀, 일본에 이어 세계에서 4번째로 섬이 많은 나라라고 언급한 후로 많은 사람들이 이것을 따르고 있다. 하지만 이것은 아시아 국가 내에서 바다에 있는 섬만을 대상으로 한 것으로 보이며, 이마저 정확한 것은 아니다.

호수에 있는 섬들이 많이 있어 도시나 국가에서 대단히 중요한 역할을 한다. 이처럼 바다에 있는 섬인 해도海島, 강에 있는 섬인 하중도河中島, 호수에 있는 호중도湖中島 등 그것을 둘러싸고 있는 수역의 종류도 많고 앞에서 살펴본 대로 크기도 달라 정의를 내리기가 쉽지 않다. 설령 나름의 기준을 마련하여 섬의 개수를 산출했다 하더라도 매립이나 자연 조건의 변화로 인해 섬이 나타나거나 사라지는 등 변동이 올 수도 있다. 일반적으로 많은 국가에서 자국의 섬의 개수를 최대한 많이 집계하려는 경향을 보이는 것은 그만큼 섬이 중요한 자산이자 가치가 많다는 것을 의미한다.

해역에서 국가석으로 섬이 중요한 이유는 무엇보다도 그것이 해양영토를 획정 짓는 결정적 요소이기 때문이다. 우리나라는 영해를 정할 때 해안선의 굴곡이 심하고 섬이 많은 서남해안은 직선기선을 사용한다고 했는데, 이 직선기선을 연결하기 위한 기점이 바로 섬이 된다. 또한 1994년 유엔해양법협약이 발효된 이후 해양관할권의 영역이 영해 12해리에서 배타적 경제수역 200해리로 확대되었는데 섬이 배타적 경제수역을 가질 수 있게 되면서 많은 나라들이 적극적으로 섬을 활용하고 관리하고 있다. 중국과 일본은 각각 퉁다오童島와 오키노도리시마와 같은 암초에 인공구조물을 만들고 영해를 가질 수 있는 섬이라고 주장하고 있다. 또한 섬의 영유권과 해양관할권을 두고 갈등과 분쟁이 일어나고 있는데, 우리나라와 일본 간에는 독도를 두고 영유권 분쟁이 있고, 중국과는 이어도를 두고 관할권 분쟁이 있다. 중국과 일본은 타이완과 함께 댜오위다오釣魚島에 대한 영유권을, 일본과 러시아는 쿠릴열도 4개 도서를 두고 영유권 분쟁을 일으키고 있다. 이밖에도 특히 중국은 해안선이 길고 동남아시아 국가들과 해역을 공유하고 있어 도서 분쟁이 많고 그에 따라 해양경계를 획정 짓지 못한 곳도 많다. 중국과 동남아시아 국가들 간의 도서 분쟁 중에서 동사군도, 서사군도, 중사군도, 남사군도가 있는 남중국해에서의 분쟁이 가장 복잡하고 치열하다. 그중에서도 동사군도, 중사군도, 서사군도는 중국의 관할 아래에 있기 때문에 비교적 조용한 편이지만 중국, 필리핀, 베트남, 타이완, 말레이시아, 브루나이가 영유권과 관할권을 다투고 있는 남사군도는 가장 뜨거운 감자로, 분쟁 당사국이 많은 만큼 분쟁양상도 복잡하고 치열하다. 서사군도에서는 중국과 베트남이 영유권을 다투고 있고 중사군도에서는 중국, 타이완, 필리핀이 분쟁하고 있으며 동사군도는 타이완이 점유하고 있다. 섬은 해양영토 뿐만 아니라 자원, 경제, 군사, 문화, 해상교통로 등과도 연결되는 문제로, 이는 중국의 남중국해 영유권 주장이 이 해역을 중요한 전략적 해상교통로로 이용하고 있는 미국이나 주요 무역로로 이용하고 있는 일본을 긴장하게 만드는 것으로도 잘 알 수 있다.

동북아 해역은 특히 근대시기 복잡한 상황을 겪으면서 영유권 귀속이 제대로 되지 못함으로 인한 문제들이 혼재되어 있다. 가령 독도 영유권 문제와 관련하여 1951년 9월 8일에 체결된 샌프란시스코평화조약에서 일본이 권리를 포기해야 하는 한국의 도서 범위에서 독도를 불분명하게 처리한 것이나 댜오위다오의 경우 1945년 8월 종전이 되면서 미국이 관리하다가 1972년 일본에게 관리권이 넘겨짐으로써 중국과 영유권 분쟁이 일어나게 된 것 등이 그러하다. 이렇게 볼 때, 당시에는 섬이 중시 받지 못했지만 근대시기의 복잡한 역사적 상황을 겪으면서 섬의 영유권을 제대로 반환하지 못해 오늘날 도서 분쟁의 단초가 되고 있다는 점에서 근대 제국주의열강들 간의 관계와 전후戰後 그들이 맺었던 조약이나 선언 등과 함께 섬에 대한 연구가 필요하다는 것을 알 수 있다. 현대 동북아 해역에서의 도서 분쟁은 우리의 독도와 더불어 한중일 3국간의 해양경계 획정, 자원의 공동 개발, 어업협정 등과도 연결되는 문제이므로 관련 연구가 수행되어야 할 것이다.

3) 항구

해안은 바다와 육지의 경계이자 교섭지점으로, 바다와 육지가 연결됨으로써 해역이 바다만이 아니라 육지를 포함하는 지점이 된다. 이는 다시 내륙 깊숙이까지 연결될 수 있는데, 이때 매개역할을 하는 것이 바로 항구다. 항구는 바다에서 육지로 진입하는 첫 관문으로, 해역네트워크에서 바다와 육지를 이어주는 동시에 내륙으로 이어지는 네트워크의 기점이 되는 것이다. 항구가 없다면 해양활동은 바다에서 끝나므로 해역네트워크는 완성될 수 없다. 따라서 항구는 해양과 해역의 결정적인 차이를 만드는 요소라고 할 수 있다.

최근 우리 학계에서는 해항海港이라는 용어를 사용하여 항구와 구별하려는 경향이 있다. '해항도시문화교섭학'을 연구하는 현재열은 해항도시를 '도시 중에서도 바다를 인접한 항만이 담당하는 기능에 크게 의존하고 있는 교역도시'라고 정의하고 항구도시와 구별하고자 하는데, 양자는 거의 동일하지만 '네트워크성'에 차이가 있다고 본다. "해항도시는 당연히 바다에 면하여 항구를 지닌 도시일 것이다. 하지만 그것으로는 필요조건은 될지언정 충분조건은 되지 못하는데, 왜냐하면 바다에 면한 항구도시는 일정 범위 내지 권역(주로 해양의)에 걸쳐있는 네트워크상의 한 지지점으로 기능해야 비로소 '해항도시'라는 명칭에 값하기 때문이다"[24]라고 한다. 즉 해항도시는 "바다로 연결된 해양네트워크와 도시에서 후배지로 뻗어나가는 도로 및 철도망을 통한 육상 네트워크 사이의 접합점으로 양쪽 네트워크를 하나의 전체 네트워크로 통합하는 기능을 수행"[25]한다는 것이다. 따라서 부산은 대표적인 해항도시라고 할 수 있지만 삼척, 강릉, 통영 등과 같은 중소규모 항구도시들을 해항도시로 부르는 것에는 회의적이라고 한다.

위의 주장에 대해 '바다를 인접한 항만이 담당하는 기능에 크게 의존하고 있는 교역도시'는 곧 항만도시가 아닌가, 그리고 부산과 삼척, 강릉, 통영에 대해 해항도시 여부를 결정하는 '후배지로 뻗어나가는 도로 및 철도망을 통한 육상 네트워크'는 구체적으로 무엇인가 등의 문제점을 지적하면서 이 글은 항구는 바다만이 아니라 강이나 호수를 접하고 있는 것도 모두 포함된다는 점에서 해항은 바다를 면하고 있는 항구로, 바다와의 관계를 강조하는 개념으로 본다. 그리고 항구 자체가 바다와 육지의 경계에서 양자를 연결하고 그 영향이 내륙까지 미칠 수 있다는 점에서 네트워크가 작동한다고 본다. 하지만 일반적으로 호수나 강을 면하고 있는 항구에 비해 해항의 교역범위가 국가 단위를 넘어 훨씬 넓고 교역행위가 상대적으로 넓고 거친 바다를 항해해야 이루어진다는 점에서 보다 역동적일 수 있다고 본다. 항구를 기반으로 발달한 항구도시는 교역을 통해 대도시로 성장하게 된다는 사실은 근대시기 동아시아의 많

---

24 현재열, 「12·13세기 해항도시 베네치아의 역사적 형성 – 해항도시의 역사적 개념화를 위해」, 『해항도시문화교섭학』 창간호, 한국해양대 국제해양문제연구소, 2009, 3면.
25 현재열, 「해항도시 개념과 해항도시 문화교섭학 연구의 방향성 – 어젠다 수행을 위한 제언」, 『해항도시문화교섭학』 6, 한국해양대 국제해양문제연구소, 2012, 233면.

은 항구도시들이 개항과 더불어 근대도시로 변모하게 된 것에서 잘 알수 있다. 항구는 교역을 통해서 발달하고 도시를 형성하게 되며 배가 안전하게 드나들고 사람과 물자를 실어 나를 수 있도록 부두와 같은 관련 시설, 즉 항만시설을 갖추고 있는 곳이라는 점에서 대외적으로 열려있고 바다와 육지 간의 이동을 전제로 하고 있다. 바다를 통한 교역은 항구에서 항구로 이동하며 해역네트워크를 형성하는데, 중국이 일대일로정책을 추진함에 있어 아시아 국가들의 선박 접안시설과 같은 항만 인프라 구축을 적극 지원하는 것만 보더라도 항구의 역할을 잘 알 수 있다.

한편 항구는 그 입지적 조건과 역할로 인해 바다의 성격과 육지의 성격을 모두 가지며, 개방적이고 역동적이며 혼종의 공간이 된다. 사람들의 왕래가 이루어지고 교역이 일어나는 가운데 문화 접변도 일어난다. 동북아 3국 중에 가장 먼저 개항했던 일본의 나가사키, 히라도, 요코하마와 같은 항구도시들은 서구 문물을 적극 수용했으며, 중국의 상하이, 광저우, 샤먼, 조선의 부산, 인천, 원산 등도 일본과 서구 문물의 유입창구 역할을 했다. "동아시아의 개항장은 서구 열강이 힘으로 개방을 강요하던 시기에 폐쇄된 국가 공간 가운데 부분적으로 열려진 공간이다. 이는 국가공간의 경계에 위치한다는 점에서는 주변성을 지니지만, 새로운 문화가 앞서 유입된다는 점에서는 개방적이고 선진적인 곳이기도 했다. 즉, 닫힌 국가체제 속의 열려진 틈새공간이던 이곳은 서로 다른 문화가 만나면서 갖은 대립과 갈등이 발생한 공간임과 동시에 다양한 접촉의 경험을 통해 소통과 공생의 가능성이 일찌감치 모색된 곳이기도 하다."[26] 이들 개항도시들은 외래의 것을 받아들임으로써 로컬리티 형성

---

26 이상봉, 「개항과 하코다테의 로컬리티－문화접변의 과정을 중심으로」, 『日本文化硏究』

에 영향을 받는다. 외부에 대해 개방적이지만 지역성을 바탕으로 외부의 것을 수용하기 때문에 양자가 섞여 혼종성을 만든다. 물론 이 과정에서 무조건적으로 수용만 일어나는 것이 아니라 거부 현상이 나타나기도 하는데, 수용과 거부의 과정을 거치고 지역 상황과 결합하여 지역의 특성을 만들어내는 것이다. 따라서 발달한 항구도시들은 역동적이고 개방적이며 포용적이라는 특징을 바탕으로 문화적 다원성을 보인다.

이상의 내용을 바탕으로 보면, 동북아 해역의 근대시기 항구에 관한 연구는 먼저 개항장과 기선 항로를 주목할 수 있을 것이다. 항구가 바다와 육지를, 다시 내륙 깊숙이까지 연결된다는 사실은 일본이 조선의 철도 부설에 열을 올렸던 것을 보아도 쉽게 알 수 있다. 해역의 문제가 바다로 그치는 것이 아니라는 이런 사실은 오늘날 중국의 일대일로정책이 궁극적으로 해상교역로와 육상교역로를 연결하는 것이라는 점에서도 확인할 수 있다. 또한 한반도의 동해 쪽으로는 바다를 접하고 있지 않은 중국이 동북지방의 경제발전을 위한 물류 수송에 북한의 나선항을 이용하고 있다[27]는 것도 해역네트워크가 국가의 범위를 초월하며, 국민국가 단위가 아니라 동북아 해역을 하나의 단위로 하는 연구가 이루어져야 하는 이유를 알려준다. 한편 현대에 들어 항구를 통한 인적 이동은 대폭 축소되고 교역에 따른 물류의 이동이 많아짐에 따라 항만의 기능이 강화되는 경향을 보인다. 과거에는 사람들의 이동도 바닷길을 통해 이루어지면서 다양한 항구문화를 꽃피우고 그 파급력은 도시 전체는 물론이고 내륙 깊숙이까지 미쳤다고 할 수 있었으나 오늘날에는

49, 한국일본학협회, 2014, 281~282면.

27 김하영, 앞의 책, 248면 참고.

항구 이외의 다른 기능들이 더 발달하고 있어 해역네트워크의 기능과 역할도 시대에 따라 구분해야 할 것으로 보인다.

4. 관련 연구과제

'동북아 해역과 인문네트워크의 역동성 연구'라는 어젠다를 염두에 두고 해역의 개념과 구성요소를 살펴보고 그에 따라 파생되는 연구 키워드와 필요성 등을 중심으로 연구과제를 정리해보았다. 이 글에서는 주로 해역에 대한 물리적 공간의 범주를 중심으로 관련 문제들을 살펴보았다.

먼저 해역의 개념 정리를 통해 해양과 해역의 차이, 동북아 해역의 공간적 범위와 해역 연구의 의미를 명확히 할 수 있었다. 해양이 바다 일반을 가리키는 것에 반해 해역은 바다의 특정 구역을 가리키므로 해역 연구는 해당 해역을 하나의 단위로 특화하고 그 속에서 나타나는 현상을 주목하려는 의도가 강하다. 동북아 해역은 쉽게 한중일 3국에 걸쳐 있는 바다를 가리키는데, 3국은 이 해역을 서로 왕래하며 교류해왔고 갈등을 일으키기도 하는 가운데 영향을 주고받았다.

다음으로 해역의 구성요소를 살핌으로써 해양과 해역의 관계를 알수 있었는데, 기존에 해양 연구로 명명되었던 많은 부분이 실은 해역 연구였다고 할 수 있다. 해역을 구성하는 요소는 크게 바다, 섬, 항구라고할 수 있다. 섬과 항구는 해역 간의 이동을, 항구는 바다와 육지를 이어주며 그것에서 발생하는 요소들을 내륙 깊숙이까지 연결될 수 있게 하여 해역네트워크를 형성하고 완성한다.

동북아시아 3국은 바다를 건너온 서구열강에 의해 문호를 개방하고 근대를 시작했고 기선 항로를 증설하면서 수탈과 착취도 강화되었지만 그런 가운데 인적, 물적 이동도 활발해지면서 많은 영향을 주고받았다. 제국들의 침략이 종식된 후에도 제대로 정리되지 못한 역사적 상황들로 인해 아시아국가 간의 얽힌 문제들은 오늘날까지 영향을 미쳐 섬 영유권이나 바다 경계획정 분쟁을 일으키고 있다. 특히 오늘날에는 바다의 가치가 주목받으며 국가들마다 최대한 넓은 해역을 확보하려 하기 때문에 관련 분쟁은 쉽게 해결될 수 없다.

이상의 내용들을 종합해 보면 해양의 특정 구역을 대상으로 하는 해역 연구는 섬, 바다, 항구, 내륙의 연결 상황에 주목하면서 해역네트워크를 그려야 하며, 근대와 현대의 차이와 시기적 특성에 따라 나타나는 현상을 포착하면서도 상호 간의 관계를 함께 보아야 할 것이다. 따라서 개항(장), 항로, 이주, 문화·언어·지식 교류, 도서 분쟁, 해양정책 등을 키워드로 삼아 파생되는 세부 연구주제를 발굴할 수 있을 것이다. 관련 연구들을 통해 해역을 중심으로 한 동북아시아의 역사를 재조명하고 서로의 역학관계는 물론이고 세계와의 관계 속에서 동북아시아의 위상을 정립하고 동북아지역에 대한 새로운 해석이 이루어질 수 있을 것이다.

| 참고문헌 |

박찬호 · 김한택, 『국제해양법』, ㈜와이북스, 2016.

부경대 인문한국플러스사업단 편, 『동북아 해역과 인문네트워크』, 소명출판, 2018.

_____, 『동북아 해역 인문네트워크의 근대적 계기와 기반』, 소명출판, 2019

우양호, 『바다의 경계를 넘다』, 선인, 2018.

이경신, 현재열 · 최낙민 역, 『동아시아 바다를 중심으로 한 해양실크로드의 역사』, 선인, 2018.

이수열 · 현재열 · 최낙민 · 김강식 편저, 『동아시아해양도시와 문화교섭』 Ⅰ · Ⅱ, 선인, 2018.

정문수 · 류교열 · 박민수 · 현재열, 『해항도시 문화교섭 연구방법론』, 선인, 2014.

현재열 편저, 『동아시아 해역세계의 인간과 바다—배, 선원, 문화교섭』, 선인, 2020.

모모키 시로 편, 최연식 역, 『해역아시아사 연구 입문』, 민속원, 2019.

양궈전, 김창경 · 권경선 · 곽현숙 역, 『해양문명론과 해양중국』, 소명출판, 2019.

하네다 마사시 편, 현재열 · 김나영 역, 『17~18세기 아시아 해항도시의 문화교섭』, 선인, 2012.

하네다 마사시, 조영헌 · 정순일 역, 『바다에서 본 역사—개방, 경합, 공생 : 동아시아 700년의 문명 교류사』, 민음사, 2018.

黃麗生, 『東亞海域與文明交會—港市,商貿,移民與文化傳播』, 海洋大學海洋文化研究所, 2008.

곽수경, 「해양네트워크의 관점에서 본 청산도 슬로관광」, 『동북아문화연구』 62, 동북아시아문화학회, 2020.

김임향, 「해양경계획정에서 도서의 법적 지위에 관한 연구—국제판례를 중심으로」, 한국해양대 박사논문, 2019.

김하영, 「동아시아 지역 해양갈등과 한국에 대한 함의」, 『사회과학연구』 24-2, 동국대 사회과학연구원, 2017.

김화진, 「남중국해 분쟁의 현황과 아시아의 국제질서」, 『서울국제법연구』 23-2, 서울국제법연구원, 2016.

대림검, 「동아시아 공동체에 있어 해역 공간의 재인식」, 『아세아연구』 60-4, 고려대 아세아문제연구소, 2017.

신봉기 · 최용전, 「해양(海洋)의 헌법적 의미」, 『토지공법연구』 85, 한국토지공법학회, 2019.

안미정, 「도시 분류를 통해 본 해항도시의 개념적 특징」, 『해항도시문화교섭학』 9, 한국해양대 국제해양문제연구소, 2013.

윤명철, 「장보고의 해양활동과 국제관계—東亞地中海論을 중심으로」, 『해양정책연구』 16-1, 한국해양수산개발원, 2001.

_____, 「漂流의 발생과 역할에 대한 탐구」, 『東아시아古代學』 18, 東아시아古代學會, 2008.

_____, 「海岸島嶼 지역과 동아시아의 歷史와 문화」, 『東아시아古代學』 14, 東아시아古代學會, 2006.

이상봉, 「개항과 하코다테의 로컬리티 – 문화접변의 과정을 중심으로」, 『日本文化研究』 49, 한국일본학협회, 2014.

한병호, 「아시아 지역 국가의 헌법과 바다 – 해양관할권을 중심으로」, 『해사법연구』 31-1, 한국해사법학회, 2019.

현재열, 「12·13세기 해항도시 베네치아의 역사적 형성 – 해항도시의 역사적 개념화를 위해」, 『해항도시문화교섭학』 창간호, 한국해양대 국제해양문제연구소, 2009.

_____, 「해항도시 개념과 해항도시 문화교섭학 연구의 방향성 – 어젠다 수행을 위한 제언」, 『해항도시문화교섭학』 6, 한국해양대 국제해양문제연구소, 2012.

홍석준, 「동아시아 해양네트워크의 형성과 변화」, 『해양정책연구』 20-1, 한국해양수산개발원, 2005.

_____, 「동아시아의 해양세계와 항구도시의 역사와 문화」, 『도서문화』 제29집, 국립목포대학교 도서문화연구원, 2007

홍선기, 「연안지역보전을 위한 해역의 효율적 관리와 섬의 역할」, 『사회융합연구』 4-2, 대구과학대 국방안보연구소, 2020.

조동오 외, 『동북아 주요국의 해양관할권 확대 전략과 우리나라 대응방안』, 한국해양수산개발원, 2008.

최지연 외, 『해역의 효과적 관리를 위한 도서 활용 방안 연구』, 한국해양수산개발원, 2017.

부산역사문화대전(http://busan.grandculture.net/Contents/Index?local=busan)

동북아 해역과 개항장

이가연

1. 개항장이라는 시공간時空間

개항장[1]은 '개항'이라는 시간적 의미와 '장'이라는 공간적 의미가 중첩된 곳이다.[2] 개항장에는 '개항기'[3]라는 시점과 '개항장'이라는 장소성

---

[1] 오늘날에는 '개항장'이라는 용어가 어디에나 통용되고 있지만 실제로 '개항장'은 1842년 난징조약 이후에 생긴 새로운 개념이다. 따라서 당시 동북아 3국에서 '개항장'을 지칭하는 용어는 통일되지 못하였다. 중국에서는 통상구안(通商口岸), 약개구안(約開口岸), 약개통상구안(約開通商口岸), 약정구안(約定口岸) 또는 지정구안(指定口岸), 지정각구(指定各口), 약개상부(約開商埠) 등이 혼용되었다. 일본은 처음에는 '개항의 장소', '개방한 항구'로 쓰다가 1871년 처음으로 '개항장'이라 불렀다. 조선은 1876년 조일수호조규 체결 당시에는 '통상지항구(通商之港口)', '통상각구(通商各口)', '지정각구(指定各口)'라는 용어를 사용했지만, 이후 각국과 체결한 조약에서 통상구안(通商口岸) 또는 개구안(開口岸) 등 중국과 유사한 용어를 사용하였다. 이 글에서는 현재 동북아 3국에서 통용되고 있는 '개항장'이라는 용어를 사용하기로 한다. 용어와 관련된 자세한 내용은 손정목, 「개항장·조계제도의 개념과 성격—한반도 개항사의 올바른 인식을 위하여」, 『한국학보』 8, 일지사, 1982를 참고.

[2] 오미일, 「개항(장)과 이주상인—개항장도시 로컬리티의 형성과 기원」, 『한국근현대사연구』 47, 한국근현대사학회, 2008, 44면.

[3] 여기서 필자가 이야기하는 '개항기'는 한국을 기준으로 하며, 한국이 일본에 강제 병합된

이 씨줄과 날줄처럼 얽혀 있다. '개항기'라는 변혁의 시점에 새롭게 만들어진 이 장소에는 기존의 토착 세력이 아니라 외부(외국)의 이주자들이 그 공간의 주도 세력이 되었다.

지금까지 한국에서 개항장에 관한 연구는 주로 개항을 기점으로 그 이후의 경제적 변화를 다룬 것과 개항장이라는 공간의 장소성에 의미를 둔 것으로 나누어 진행되었다. 전자는 경제적 거점이라는 개항장의 본질적 성격을 반영한 것으로서 주로 무역과 상품유통 구조의 변화 및 일본인들의 상업 활동, 그 속에서 한국 상인과 일본 상인의 대립과 갈등 등을 주로 다루었다.[4] 후자는 개항장의 설치과정, 조계지 설정, 일본인 전관거류지 문제 등 근대 식민도시의 초기 형성과정에 초점을 맞추었다.[5] 특히 재조선일본인 사회의 형성, 자치에 관한 연구가 눈에 띈다.[6]

1910년까지를 개항기로 설정한다.

4 개항기 대외무역의 변화와 일본인의 상업 활동에 관한 연구는 다음과 같다. 한우근, 『한국개항기의 상업연구』, 일조각, 1975; 김석희 · 박용숙, 「개항초기(1876~1885)의 일본인의 상업활동—부산항을 중심으로」, 『코기토』 15, 부산대 인문학연구소, 1976; 이헌창, 「한국 개항장의 상품유통과 시장권—한국개항기에서의 시장구조의 변동을 초래한 일차적 요인」, 『경제사학』 9, 경제사학회, 1985; 임승표, 「개항장 거류 일본인의 직업과 영업활동」, 『홍익사학』 4, 홍익대, 1990; 하지영, 「開港期 朝鮮商人과 日本商人 간의 자금거래와 곡물유통—'兩民交涉債案'의 分析을 중심으로」, 동아대 석사논문, 2003; 하원호, 「개항 후 부산의 대외무역과 유통구조의 변화」, 『사림』 25, 수선사학회, 2006; 하원호, 「한말 영산강 유역과 목포의 상품유통」, 『한국사학보』 23, 고려사학회, 2006; 김윤희, 「1883~1905년 인천항 일본상인의 영업활동」, 『사림』 44, 수선사학회, 2013; 김동철, 「진남포의 개항과정과 무역구조의 변화(1897~1910)」, 『역사연구』 26, 역사학연구소, 2014.

5 개항장 형성에 관한 선구적인 연구는 다음과 같다. 이현종, 『한국개항장연구』, 일조각, 1975; 김용욱, 『한국개항사』, 서문당, 1976; 손정목, 「목포 및 진남포 개항—청일전쟁 이후의 도시의 변화」, 『도시문제』 11, 대한지방행정공제회, 1976; 손정목, 「개항장 · 조계제도의 개념과 성격—한반도 개항사의 올바른 인식을 위하여」, 앞의 책, 1982; 손정목, 『한국개항기 도시사회경제사 연구』, 일지사, 1982 등.

6 개항장 도시를 중심으로 한 재조일본인 사회의 형성에 관한 연구는 다음과 같다. 이준식, 「일제강점기 군산에서의 유력자집단의 추이와 활동」, 『동방학지』 131, 연세대 국학연구원, 2005; 木村健二 · 坂本悠一, 『近代植民地都市 釜山』, 桜井書店, 2007; 이규수, 『식민지 조선과 일본, 일본인—호남지역 일본인의 사회사』, 다할미디어, 2007; 홍순권, 『부산의 도

최근에는 동북아 3국을 시야에 넣고 각국 개항장의 형성과정과 공간 특징, 개항장 사이의 네트워크 연구도 활발하게 진행되고 있다.[7]

현재 동북아 3국은 갈등이 심화하는 가운데서도 연대를 모색하고 있다. 동북아 국가들의 갈등과 불안 해소의 길을 역사 속에서 찾기 위해서는 기존의 일국사一國史 중심의 연구방법으로는 한계에 부딪힐 수밖에 없다. 트랜스내셔널한 어떤 것들, 국가를 넘어서는 지역 담론이 필요한데 이러한 담론을 가능하게 하는 것이 해역이라는 시각이다. 해역을 바다와 그것을 통해 이어진 육역陸域 세계 전반이라고 정의한다면, 해역은 일국 속에 포함된 지역이면서도 그것을 넘어 새로운 세계를 조망할 수 있는 방법을 제시한다. 해역의 관점을 도입하면 바다와 육역을 가로지르는 네트워크 속에서 역사를 사유할 수 있다.

이 글에서는 개항장에 관한 선행연구 성과들을 비판적으로 수용하면서 동북아 해역에 접한 개항장의 특징과 의미를 고찰하고자 한다. 개항의 첫 번째 목적은 통상이었고 개항장은 경제적 기지로 인식되었기 때문에 개항장의 확대는 경제적 기지의 확장으로 이해될 수 있었다. 뿐만 아니라 일종의 접경지로서 타자와의 만남이 예견되는 장소였다. 따라서 여러 형태의 교류 또는 문화, 제도, 생활습관, 관습 등의 '섞임'과 그에 따

시형성과 일본인들』, 선인, 2008; 德間一芽, 「개항기 목포 이주 일본인의 도시 건설과 도시 생활」, 전남대 석사논문, 2010; 李東勳, 「在朝日本人社會の'自治'と'韓國併合'-京城居留民團の設立と解體を中心に」, 『朝鮮史研究會論文集』49, 朝鮮史研究會, 2011; 차철욱·양흥숙, 「개항기 부산항의 조선인과 일본인의 관계 형성」, 『한국학연구』26, 인하대 한국학연구소, 2012; 박진한 외, 『제국일본과 식민지 조선의 근대도시 형성』, 심산, 2013; 김승, 『근대 부산의 일본인 사회와 문화변용』, 선인, 2014; 이규수, 『개항장 인천과 재조일본인』, 보고사, 2015; 오미일, 「식민지 조선의 일본인 사회와 지역 단체-원산지역을 중심으로」, 『역사문제연구』34, 역사문제연구소, 2015.
7 인하대 한국학연구소 편, 『동아시아 개항도시의 형성과 네트워크』, 글로벌콘텐츠, 2012; 조정민 편, 『동아시아 개항장 도시의 로컬리티』, 소명출판, 2013 등이 대표적이다.

른 갈등, 저항, 배제 등이 이루어지는 장소이기도 하였다.

개항장은 동북아 해역 국가인 한국, 중국, 일본에만 있었던 독특한 공간이다. 19세기 어느 시점, 동북아 3국은 자신의 의지와 상관없이 외부 세력에 의해 개항을 경험했고 그렇기에 개항장은 특수한 형태의 식민 공간으로 인식되었다. 물론 전근대에서 근대로 이행하는 시기의 개항장을 식민 공간, 개항장 내의 외부자들을 식민지배자라고 규정하는 것에 대한 문제제기도 있다. 개항장은 식민지의 범주에 포함되는 공간인가. 그렇지 않다면 다른 식민도시들과의 차별성은 무엇인가. '개항장=식민도시'라는 공식은 일본에도 적용될 수 있는가. 아직 이러한 관점의 본격적 논의는 찾아볼 수 없다. 다만 개항의 경위, 개항장의 형성, 조계지(거류지) 설정 문제 등 개항장을 둘러싼 여러 문제들을 다각도로 고찰해봤을 때 개항장을 제국주의의 침탈이 이루어진 식민도시의 초기 형태로 인식하는 데에는 크게 이견이 없을 것이다.

2. 동북아 해역 국가의 개항장과 조계지

1) 개항장의 개념과 의미

개항장은 '조약·협정 또는 황제 선언·정부 선언의 방식에 의하여 특별히 외국인의 거주와 통상을 위해 개방하였거나 개방하기로 약속한 港·市(ports or localities which are now open or may hereafter be opened to foreign residence and trade, 1903년 미청상해조약 제3조)'를 의미한다.[8] 1842년 중국 난

---

8 손정목, 「개항장·조계제도의 개념과 성격—한반도 개항사의 올바른 인식을 위하여」, 앞

징南京에서 난징조약南京條約을 체결한 후 1945년 이 제도가 완전히 폐지될 때까지 동북아 3국에서 외국인의 거주와 통상은 주로 개항장을 중심으로 이루어졌다.

제국주의의 시대, 서구 제국주의 국가들의 식민 지배는 식민모국이 피식민지의 주권을 완전히 장악한 전형적인 식민지 형태 이외에도 자치령, 보호령, 조차지, 신탁통치, 위임통치 등 다양한 형태로 이루어졌다.[9] 이런 가운데 동북아 3국에는 특정한 항구 또는 지역을 외국인에게 개방하는 이른바 개항장이라는 특수한 공간이 만들어졌다. 19세기 서구 제국주의 국가들이 동아시아로 점차 세력을 확장하던 때, 동북아 3국은 쇄국정책으로 서구제국의 접근을 차단하려 하였다. 그러나 서구 제국주의 국가는 강력한 군사력, 기술력을 무기로 목적을 관철하기 위해 끊임없이 위협하였고, 그 때문에 쇄국정책은 그리 오래가지 못하였다. 이처럼 동북아 3국이 쇄국에서 개국으로 이행하는 과정에서 개항장이라는 독특한 식민공간이 탄생하였다.[10]

제국주의의 주요한 속성은 산업 · 상업자본주의가 필요로 하는 원료시장과 상품판매시장의 확보에 있었으며, 개항장은 그 목적을 달성하기 위한 교두보와 같은 역할을 했던 공간이었다. 따라서 한 국가 내에서 가장 효율적으로 목적을 달성할 수 있는 도시를 개항장으로 선정하였다. 당시는 해운이 해역의 거리를 극복하는 수단이었기 때문에 거의 모든

의 책, 2면.

9   김백영, 「일제하 서울에서의 식민권력의 지배전략과 도시공간의 정치학」, 서울대 박사논문, 2005, 35면.

10   김주관, 「공간구조의 비교를 통해 본 한국개항도시의 식민지적 성격−한국과 중국의 개항도시 비교를 중심으로」, 『한국독립운동사연구』 42, 독립기념관 한국독립운동사연구소, 2012, 250면.

개항장은 해상교통의 요지로서 해운을 통한 식민 본국과의 교통 및 통신, 나아가 제국 전체의 도시 간 해외 네트워크를 염두에 두고 건설되었다.[11] 따라서 동북아 각국의 거점 항구도시에 개항장이 설치된 것은 자연스러운 결과였다.

동북아 해역에서 가장 먼저 개항장이 설치된 곳은 중국이었다. 중국은 영국의 무역선이 계속해서 내항하여 무역을 요구하자, 1757년 유럽선의 입항을 광저우廣州 한 곳으로 한정하고 특권상인인 '공행상인公行商人'에게만 독점적으로 외국 무역을 허락하고 있었다(이른바 광저우체제). 그러나 1차 아편전쟁의 결과로 1842년 영국과 청이 난징조약을 체결하고 광저우, 푸저우福州, 샤먼廈門, 닝보寧波, 상하이上海 5개 항구를 통상항으로 개방하였다. 1860년 애로호사건으로 벌어진 2차 아편전쟁이 끝난 후 톈진조약天津條約, 베이징조약北京條約에 의거하여 11개의 항구가 더 개방되었고 1945년 개항장 제도가 철폐될 때까지 중국 내에는 80개가 넘는 개항장이 설치되었다.

일본의 경우, 에도막부의 대외정책은 쇄국으로 일관되었지만 나가사키長崎항을 통해 네덜란드와 제한적 무역만 허용하고 있었다. 이러한 상황에서 미국의 페리 제독이 우라가浦賀 해안에 내항하여 일본에게 강력하게 통상을 요구하였고, 결국 1854년 미일화친조약을 체결하여 하코다테函館와 시모다下田를 개항하였다. 이어서 1858년 미국, 네덜란드, 러시아, 영국, 프랑스와 각각 안정5개국조약安政五個國條約을 체결하고 가나가와神奈川, 나가사키, 니가타新潟, 효고兵庫, 오사카大阪, 에도江戶 등 여러 지역에 개항장을 설치하였다. 그러나 일본에서의 개항장은 일본이 제국

---

11 김백영, 앞의 글, 54면.

주의 국가의 위치에 오르게 되면서 곧 철폐되었다.

　난징조약으로 중국이 주요 5개 항을 개방한 상황 속에서 동북아 해역은 격랑에 휩싸인다. 이제 제국주의 국가는 조선 해역에도 모습을 드러내며 개항을 압박하였다. 특히 중국에 거점을 두고 서해안으로 출몰하여 수도로 들어가는 길목을 장악하는 경우가 빈번하였다. 프랑스(병인양요), 미국(신미양요), 일본(운요호사건)이 그러했다. 영국 또한 남하하는 러시아를 저지하기 위해 거문도를 점령하고 조선 침략의 기회를 호시탐탐 노렸다. 그러던 중 결국 일본이 운요호사건을 빌미로 강화도에서 조선과 병자수호조규丙子修好條規를 체결하고 제국주의 국가로서 제일 먼저 조선에 발을 내딛었다. 한국의 개항장은 중국이나 일본과 달리 서구 제국주의 국가들에 의한 것이 아니라, 이미 개항장 설치를 경험했고 이를 바탕으로 세계 자본주의 체제에 막 발을 내디딘 일본에 의해 설치되었다. 따라서 중국보다는 35년, 일본보다는 23년 늦었다. 1876년 병자수호조규 체결 이후 부산을 시작으로 1882년 원산, 1883년 인천이 개항되었고 1897년 목포, 진남포, 1899년 군산, 성진, 마산, 1904년 용암포, 1908년 청진이 개항되어 모두 10개의 항구에 개항장이 설치되었다. 한국에서 개항장은 1910년 강제병합 이후 1914년 새로운 행정조직 개편과 함께 공식적으로 철폐되었다.

〈표 1〉 한국의 개항장

개항장	개항일	조계지유형
부산	1876.08.24	일본 전관, 청국 전관, 각국
원산	1880.05.01	〃
인천	1883.01.01	〃

개항장	개항일	조계지유형
목포	1897.10.01	각국
진남포	1897.10.01	〃
군산	1899.05.01	〃
마산	1899.05.01	각국, 일본전관
성진	1899.05.01	각국
용암포	1904.03.23	잡거지
청진	1908.01.07	잡거지

* 손정목, 『한국개항기 도시변화과정연구』, 일지사, 1982, 459~460면 참고.

2) '조계'의 설정

동북아 3국에 개항장이 설치된 이후 이곳에는 조약을 체결한 국가 사람들의 자유로운 왕래, 거주, 통상이 허용되었다. 당시에도 외국으로의 여행에는 여권이 필요했고 개항장을 벗어나 내지로 들어가기 위해서는 통행권이 의무화되어 있었다. 그러나 개항장 내에서의 왕래에는 여권이나 통행권이 필요 없었다. 개항장에서 해로로 다른 개항장으로 이동할 때에도 여권은 필요 없었다. 뿐만 아니라 개항장 내에서 조약국 거류민들은 행정권을 어느 정도 행사할 수 있었다. 영사관 또는 거류민단과 같은 단체가 설립되어 개항장 내 자국민들에게 과세를 하여 필요경비를 조달하였고, 그 경비로 경제활동에 필요한 기반 시설을 마련하였다. 또한 거류민사회의 치안 유지를 위해 경찰권을 행사하기도 하였다. 가옥과 토지를 임차하거나 구입할 수 있었고 주택과 공장 등을 설립할 수도 있었다. 다만 여기서 문제가 되는 것은 개항장의 어디까지 그 권리를 행사할 수 있는가 하는 것이었다. 개항장이라고 해도 어디까지나 기존 토착거주민들이 생활하고 있는 공간이었고 외국인들의 세력 확장에 대하여 토착민들의 저항이 예견되는 상황이었기 때문에 공간 구획은 중요한 문제였다.

이러한 문제를 해결하기 위해 개항장 내 일정한 범위를 지정하여 외국인 거류지역으로 하고 그 구역 내 지방행정권의 전부 또는 일부를 외국정부 또는 거류 외국인들에게 위임하는 '조계'가 설정되었다. 당시 중국, 일본, 한국의 대다수 개항장에는 조계지가 설정되어 있었다. 조계는 1845년 중국 상하이에 개항장이 설치될 때 최초로 만들어졌다. 토착거주민과 외국인이 잡거雜居함으로써 일어나는 불편을 해소하고 조약상의 거주·통상권을 확실히 하며 자국민 보호를 위해 영국영사가 특별 요청한 것에서 시작되었다. 이후 각국 개항장에는 개항조약과 별도로 조계조약을 체결하여 외국인 거주 구역의 근거를 명시하는 것이 관례가 되어갔다. 조계 설정에 관한 조약 또는 협정에 의거하여 조계 내의 지방행정권의 전부 또는 일부가 외국인 관할로 인계되었다. 소속국의 지방관헌과 설정국의 영사들, 그리고 거류외국인 대표들로 구성된 이른바 거류지회가 지방행정권을 집행하는 것이 상례가 되어갔다. 게다가 조계 구역의 내외를 막론하고 조약 외국인의 범죄행위는 그들 본국의 법률에 따라 영사가 처리하였다. 그러므로 조계는 마치 '일국一國 속의 소국小國'처럼 될 수밖에 없었다.[12]

---

12 손정목,「개항장·조계제도의 개념과 성격─한반도 개항사의 올바른 인식을 위하여」, 앞의 책, 14~15면.

3. 동북아 해역의 각축장, 한국의 개항장

이 절에서는 한국의 주요 개항장을 사례로 동북아 해역 개항장의 특징을 유추해본다. 한국 각 개항장의 특징이 동북아 해역 국가 개항장 모두에 동일하게 적용되지 않으며, 적용할 수도 없다. 그러나 한국은 제국의 확장과 식민도시의 형성이라는 '개항'의 주제의식을 가장 잘 보여주는 곳이다. 따라서 한국의 사례를 통해 근대로 이행하는 과정에 만들어진 독특한 공간 개항장의 보편적 특징을 대략 검토할 수 있을 것이다.

1) 부산, 대륙으로 향하는 출발점

조선과 일본은 1876년 2월 '병자수호조규'를 체결하였다. 이로써 조선은 일본에 의해 강제로 세계 자본주의체제에 편입되었으며 일본은 노골적으로 조선을 침략할 수 있는 발판을 마련하게 되었다. 조규에 의해 1876년 부산이 개항되었고 뒤이어 1880년에는 원산, 1883년에는 인천이 각각 개항되었다.[13] 그리고 같은 해 8월 체결된 '조규 부록'과 '무역규칙'으로 조규의 내용은 더욱 구체화되었다. 이 조약은 개항장 내에서의 일본화폐 유통, 일본 수출입 상품에 대한 무관세, 조선연안 무역에서의 일본의 특권 등을 규정하고 있었다. 이후 부산에는 일본 공사관이 설치되었고 일본 공관 내에는 일본인이 거주할 수 있게 되었다. 또 공관

---

13 이 조치는 '조일수호조규' 제4관 말미의 "제5관에 기재하는 두 항구를 개항하고 일본인이 왕래, 통상함을 허가한다"는 부분과 제5관 "경기, 충청, 전라, 경상, 함경 5도의 연해 중 통상에 편리한 항구 2개소를 택한 후 지명을 지정할 것이다. 개항기는 일본력 메이지 9년 2월, 조선력 병자 2월부터 기산하여 20개월 후로 한다"를 근거로 이루어졌다.(국회도서관 입법조사국, 『舊韓末條約彙纂』上, 국회도서관 입법조사국, 1964, 10면)

〈사진 1〉 1887년 용두산 서쪽 일본인 거주지 전경. 1887년 12월 부산해관 2대 해관장인 프랑스인 T. Piry가 촬영한 것이다.(『부산·부산항 130년』, 부산광역시 중구청, 2005)

밖 사방 10리까지 일본인의 통행 및 일본상품의 매매가 가능해졌으며 예외로 동래까지 자유롭게 왕래할 수 있게 되었다.[14]

다음해 1877년 1월에는 '조규 부록' 제3관, 즉 '개항장에서 일본인의 지기조차地基租借 인정'에 의거하여[15] '부산구조계조약釜山口租界條約, 釜山港居留地借入約書'이 체결되었다. 이 조약을 근거로 일본은 초량왜관 약 11만 평의 부지를 일본조계지로 설정하고 이곳에 이사청, 경찰서, 재판소 등 각종 통치기구와 법규를 만들어 자치적인 지배를 행하였다.[16] 일본을 비롯한 열강들은 통상조약을 통해 각 개항장에서 자국 상인들의 자유로운 상업 활동을 보장함으로써 한국을 경제적으로 잠식해 나갔다. 그

---

14 조일수호조규 부록 제4관에 의거(국회도서관 입법조사국, 앞의 책, 21면).
15 위의 책, 21면.
16 이우영, 「한말 일본인 거류지의 설정과 그 역할」, 『경북대학교 논문집』 13, 경북대, 1969, 3～4면.

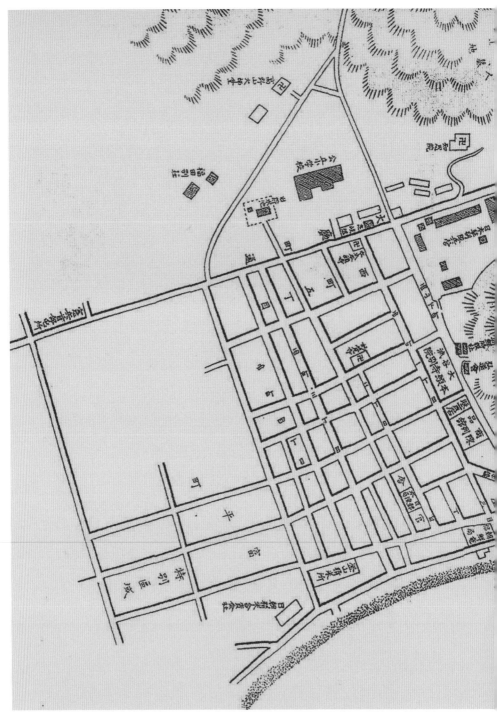

〈사진 2〉부산항 시가 및 부근 지도(1903). 가운데 용두산을 중심으로 일본인 전관조계지가 설정되었고, 용두산을 둘러싼 형태로 혼마치(本町), 벤텐쵸(弁天町) 등의 일본식 행정명이 붙여졌다. 이곳을 중심으로 일본 거류민을 위한 각종 행정기구와 상업시설이 들어서면서 부산항은 마치 일본의 소도시를 옮겨 놓은 것 같은 도시 경관을 가지게 되었다.(『부산고지도』, 부산광역시, 2008)

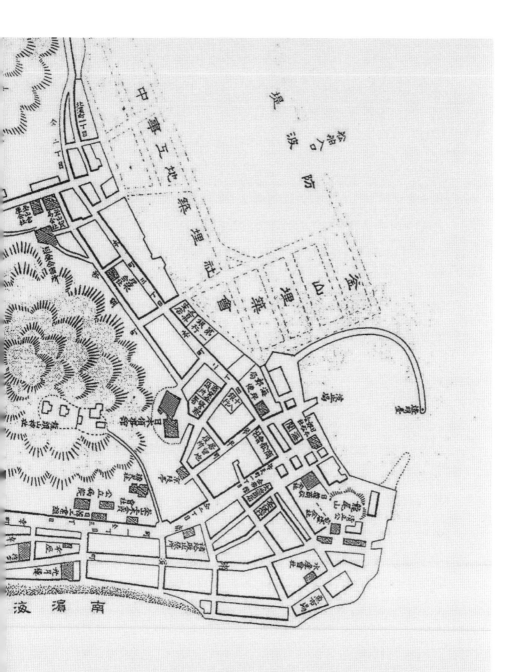

중에서도 일본은 지리적으로 가까운 부산을 침략의 거점으로 삼아 점점 내지로 활동 영역을 뻗어갔다.

부산은 지리적으로 일본과 가장 인접해 있다. 제국주의 국가 일본이 조선의 첫 개항장으로 부산을 주목한 것은 부산을 통해 조선 내지로의 진출을 용이하게 하는 하려는 목적도 있었지만, 부산을 대륙으로 향하는 관문이자 출발점으로 인식하고 있었기 때문이었다. 즉 지리적인 입지 조건이 좋아 개항장으로 적합했고 이미 조선시대부터 왜관이 설치되어 무역활동을 하고 있었기 때문에 익숙한 장소였다. 일본은 조선의 개항 이후 자국의 이익을 극대화하기 위해 일본인 전관 조계지를 설정하고 부산항을 적극적으로 개발하였다.

2) 원산, 동해안의 군사 · 경제 거점 항구

한국의 두 번째 개항장 원산은 '조규' 제5관에 의해 개항되었다.[17] 원산은 개항이 되기 전 '원산진'이라 불리던 곳으로 동해안 북쪽의 한적한 어촌이었다. 그러나 함경도의 남부, 강원도의 북부에 위치하는 요충지로, 수도 서울로 나가는 길목이었으며 서북쪽으로는 평양에 이르고 있었다. 따라서 옛날부터 기근을 대비하여 상평창을 두고 경상도 방면에서 미곡을 회송하여 이곳에 저장하였으며 풍년일 때는 이 곡식을 상인에게 파는 등 개항 이전부터 이미 상업중심지로서 알려진 곳이었다.[18] 또한 동해안의 유일한 양항良港으로서 정어리 등 풍부한 수산물을 획득

---

17 제5관 "경기, 충청, 전라, 경상, 함경 5도의 연해 중 통상에 편리한 항구 2개소를 택한 후 지명을 지정할 것이다. 개항기는 일본력 메이지 9년 2월, 조선력 병자 2월부터 기산하여 20개월 후로 한다".(국회도서관 입법조사국, 앞의 책, 10면)

18 元山府, 『(日本海の商港)元山』, 元山府, 1926, 22~23면.

할 수 있는 것은 물론 함흥평야의 곡물, 강원도의 광물 등을 모두 집산할 수 있는 위치였다.

이러한 원산은 동북아 해역 국가 일본, 청, 극동러시아에게도 경제적으로 중요한 위치를 차지하고 있었다. 러시아의 블라디보스토크와 직접 연결되는 곳이며, 청은 상하이를 거쳐 원산으로 수출입 무역을 하고 있었다. 일본의 경우 원산 개항 당시 본국에서 부산을 거쳐 원산으로 향하는 통상 항로를 운영하고 있었다. 3국의 경제적 이익이 교차하는 지점이 바로 원산이었다. 뿐만 아니라 군사적으로도 중요했는데, 특히 일본은 남하하는 러시아를 방어하기 위해서라도 원산을 선점해야 했다. 러시아는 개항 이전에 이미 원산을 포함한 영흥만 일대를 포트 라자레^{Port} ^{Lazaret}라고 불렀으며 영국 역시 관심을 가지고 있었다.[19]

일본 측에서는 일찍부터 해로를 통한 원산으로의 접근에 주목하였다. 원산은 기 개항지 부산에서 297해리, 시모노세키에서는 426해리, 나가사키에서는 464해리에 위치하며 북쪽 청진으로는 223해리, 러시아 블라디보스토크까지는 318해리이다. 동해 횡단 항로를 이용할 경우 마이즈루^{舞鶴}는 435해리, 쓰루가^{敦賀}에서는 447해리임을 밝히면서 해로를 통한 접근이 매우 용이함을 강조하였다.[20]

1880년 5월 1일 원산이 완전히 개항되자 일본 측에서는 정식으로 일본영사, 서기 2명, 통역관 2명, 해군 군의관 2명, 경부 2명, 순사 30명, 승려, 상인, 직공 등을 데리고 원산항에 도착하였고 5월 23일 임시 일본영

---

19 김용욱, 「부산 개항 후 한국 각 항에 관한 연구-주로 일본조계를 중심으로」, 『항도부산』 6, 부산시사편찬위원회, 1967, 18면.

20 高尾新右衛門 編, 『元山發展史』, 啓文社, 1916, 4면.

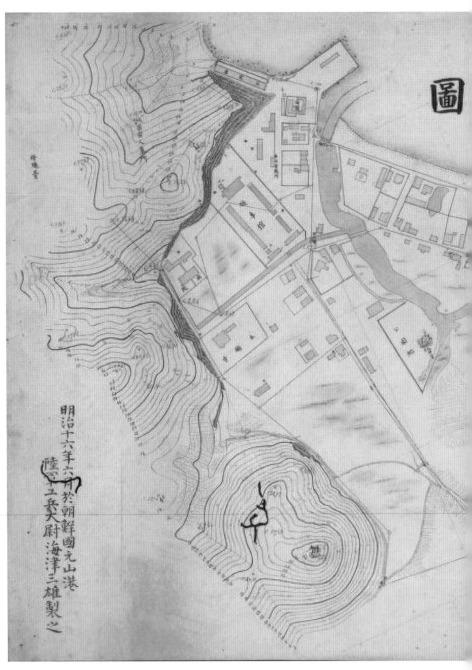

〈사진 3〉 원산항거류지지도(1883). 1883년 원산 전관거류지를 보여주고 있다.(Library of Congress Geography and Map Division Washington, D.C. 20540-4650 USA)

元山港居留地之

實形貳千分之一

〈사진 4〉 청일전쟁 무렵 원산항 전경(1895).(Library of Congress Prints and Photographs Division Washington, D.C. 20540 USA)

사관을 개설하였다. 일본정부에서는 당시 원산으로 이주하는 일본인들을 위하여 가옥 건축을 위한 '보조금 대부 규칙'을 제정하였으며 조계 내 택지는 제한된 평수를 무료로 대부하였다.[21] 개항과 동시에 원산 일본인 조계 약 10만 평에는 미쓰비시三菱상회, 스미토모住友상회, 오쿠라구미大倉組 등 일본 굴지의 재벌들이 지점을 설치하였고 영사관과 관사, 병원, 사원, 물산진열소 등도 신설되었다. 금융기관으로는 제일은행 지점이 설치되었다. 그리고 민단이나 상업회의소가 설치되기 전 자치기관으로 항회의港會議가 설치되어 거류지의 하급 행정과 상행위에 관한 사

---

21 高尾白浦, 『元山港』, 東書店, 1922, 44면.

무 일체를 협상, 결의하는 공공기관의 역할을 하였다.[22]

개항 초기 원산에는 일본 전관조계뿐만 아니라 청국전관조계, 각국 조계지가 공존하고 있었고 일본 상인들보다 청국 상인들이 더 활개를 치고 있었다. 그러나 청일전쟁과 러일전쟁을 거치면서 원산 또한 부산과 마찬가지로 일본인 거류지역을 중심으로 개항장 도시가 만들어져 갔다.

3) 인천, 수도 서울의 관문

인천항은 조수 간만의 차가 커서 반드시 양항이라고는 할 수 없음에도 불구하고 초기 서해안 유일의 개항장으로 선정되었는데 이는 수도 서울을 배후로 하고 있기 때문이었다.[23] 인천항은 수도로 진입하기 위한 관문이었으므로 한국의 국제외교, 정치 및 통상의 외항이라기보다 중앙 항구였다.[24] 이러한 이유로 부산과는 달리 일본의 독주가 허락되지 않았고 청, 러시아, 영국 등 여러 열강들이 주목하고 있었다.

개항을 위한 일본의 서해안 측량이 시작된 것은 1877년부터였다. 개항 문제를 교섭하기 위해 하나부사 요시모토花房義質가 서해안 방면을 측량하면서 상경하였고 같은 해 10월 16일 인천 월미도에 정박했다. 원래 일본정부는 하나부사에게 전라도 옥구, 목포 혹은 경기도 강화와 인천에 사이를 탐색한 후 개항장을 정하라고 했으나, 풍파로 인해 전라도 방면을 제대로 탐색하지 못했고 경기도에서도 적당한 곳을 발견하지 못했기 때문에 회담은 자연히 함경도 방면의 개항 문제에 집중되게 되었다.[25]

---

22 高尾新右衛門 編, 앞의 책, 21~22면.
23 仁川府, 『仁川府史』, 仁川府, 1933, 101면.
24 김용욱, 『한국개항사』, 서문문고, 1976, 123면.
25 강덕우, 「인천개항과 관련한 몇 가지 문제」, 『인천학연구』 1, 인천대 인천학연구원, 2002,

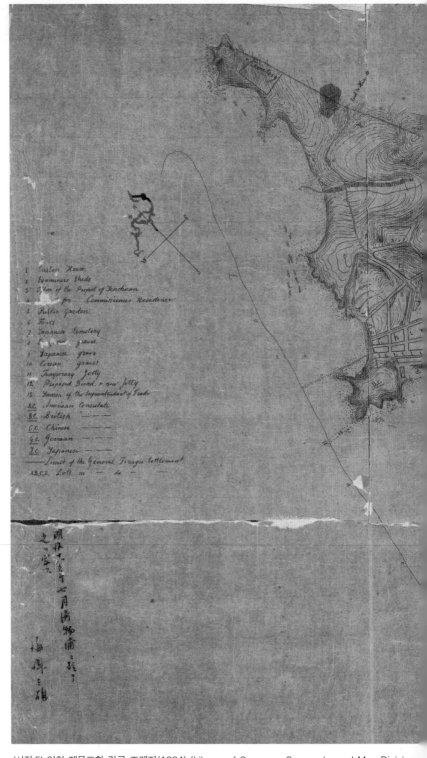

1   Custom House.
2   Examiners Sheds
3   Office of the Prefect of Jinchuan
4   for   Commissioners Residence
5   Public Garden
6   Forts
7   Japanese Cemetery
8   graves.
9   Japanese grave
10 Corean grave
11 Temporary Jetty
12 Proposed Bund, or new Jetty
13 Yamen of the Superintendant of Trade
A.C. American Consulate
B.C. British
C.C. Chinese
G.C. German
J.C. Japanese
    Limit of the General Foreign Settlement
A,B,C,D, Lots in   do

〈사진 5〉 인천 제물포항 각국 조계지(1884).(Library of Congress Geography and Map Division
Washington, D.C. 20540-4650 USA dcu)

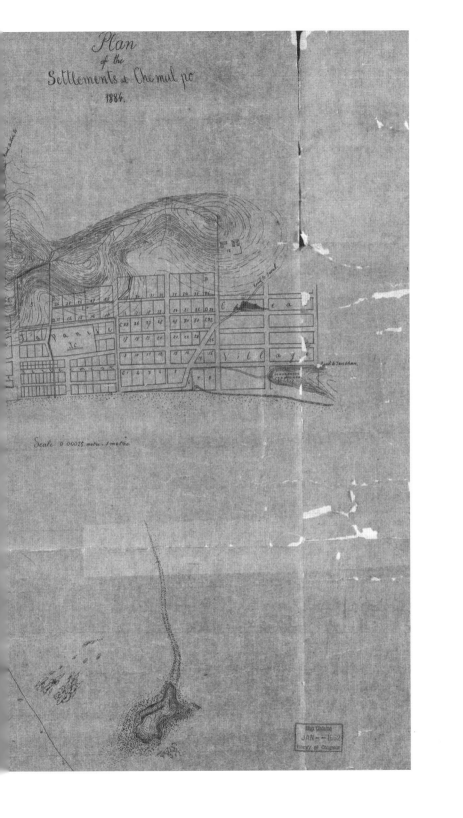

Plan
of the
Settlements at Chemulpo
1884.

Scale 0.00025 metre = 1 metre.

일본은 1878년 8월부터 본격적으로 서해안 측량에 나서서 정밀하게 탐사하였고 1879년 또다시 하나부사가 고웅호高雄號와 봉상호鳳翔號를 이끌고 금강과 아산만 등 서해안 일대를 정밀 측량한 후 4월 17일 인천에 도착하여 1주일간 제물포 일대를 탐사하였다. 탐사를 마친 고웅호 함장과, 봉상호 함장이 공동 명의로 '인천만 제물포를 개항장으로 할 것에 대한 의견'을 하나부사에게 제출하였다. 그 이유는 첫째, 월미도의 정박지가 영종, 대부, 소부 기타 여러 섬들에 둘러싸여 풍랑이 일어나더라도 노도가 될 걱정이 적고 조수의 형세도 3해리 반 정도로 대형선박이 정박할 수 있다는 점, 둘째, 제물포와 월미도 사이에는 간조 시에도 수로가 형성되어 있고, 제물포 연안은 간조에도 수심이 깊어 12척尺 정도의 배는 만조 때에 접안하여 화물을 육운 적재할 수 있다는 점, 셋째, 작은 배는 직접 접안하여 자유롭게 내왕할 수 있고 부두를 축조할 때에도 많은 비용을 들지 않는다는 점, 마지막으로 서울에 가까워 서해안에서의 최적지로 인정된다는 점 등이었다.[26]

인천은 1883년 1월 1일을 기하여 개항되었다. 그러나 실제 개항이 이루어진 것은 6월경이었다.[27] 인천이 개항될 무렵에는 구미 열강과 조선 사이에 무역, 통상의 기운이 경합하고 있었기 때문에 부산이 개항될 때와 그 성격이 달랐다. 조선은 1882년 5월 미국과 수호통상조약을 체결하였고 6월에는 영국, 독일과 조약을 체결하였다. 그리고 그 직후 임오

242~243면.

26 인천직할시사편찬위원회, 『인천시사』 상, 인천직할시사편찬위원회, 1993, 189~190면.

27 인천항 '일본거류지 차입약정서'에 조인하고 일본 거류지가 설정된 것이 6월 30일이었고(仁川開港二十年紀念會, 『仁川繁昌記』, 龍溪書舍, 1903, 7면), 와타나베 가츠미(渡邊勝美)는 『朝鮮開國外交史硏究』에서 인천이 1883년 6월 16일에 외국 무역을 위하여 개항되었다고 하였다.(渡邊勝美, 『朝鮮開國外交史硏究』, 東光堂書店, 1941, 378면)

군란이 일어나 조선과 일본의 관계는 악화되었다. 반면 청은 임오군란 당시 인천을 통해 서울로 파병하였으며 1882년 8월 '제물포조약', 9월에는 '한청상민수륙무역장정'을 체결하였다.[28] 따라서 인천은 부산, 원산과는 달리 정치, 외교, 경제적으로 일본뿐만 아니라 청국 및 서양 각국 열강들이 경합하는 곳이 되었다.

인천 개항 이후 일본을 비롯하여 청, 구미 각국이 조계지를 설정하여 자국민의 권익 보호와 통상 확대에 주력하였다. 그중에서 일본은 인천 개항에 가장 큰 '공헌'을 했지만 인천의 일본인조계지는 7천여 평으로 원산, 부산의 약 10만 평보다 훨씬 작았다. 또한 앞으로 설치될 청의 조계와 각국 공동조계에 둘러싸이고 앞은 바다와 바로 면하고 있어서 확장 또한 쉽지 않았다.[29] 조계지가 협소했기 때문에 이후 일본인 인구가 증가하자 자연히 외국조계지에 유입되었고 소수의 외국인에게 고액의 지대 및 가임을 지불하는 결과가 발생하였다.

4) 진남포, 청과 일본의 치열한 세력다툼

조선의 후기 개항장 중 하나인 진남포의 개항에는 조선과 일본, 그리고 청까지 적극적으로 나섰다. 그 중에서도 일본이 가장 적극적이었다. 그런데 진남포의 개항에 관해서는 부산이나 원산, 인천의 경우와 달리 대한제국의 의도에 따라 개항이 되었다는 주장[30]과 대한제국이 개항을 주도했다고 해도 그 논의 과정에서 일본인의 영향력이 컸고 개항 이후

---

28 김용욱, 앞의 책, 126~127면.
28 김용욱, 앞의 책, 126~127면.
29 仁川府, 앞의 책, 127면.
30 손정목, 「목포 및 진남포 개항—청일전쟁 이후의 도시의 변화」, 앞의 책.

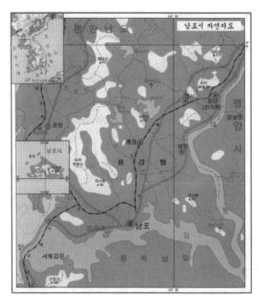

〈사진 6〉 진남포(현 남포)의 위치.(『조선향토대백과사전』, 평화문제연구소, 2005)

일본인이 빠른 속도로 진남포를 장악했다는 점에서 진남포는 일본 정부의 주도하에 개항되었다는 주장[31]으로 대별된다. 확실한 것은 조선의 다른 개항장과는 달리 진남포의 개항에는 조선과 일본, 그리고 청까지 적극적으로 나섰다는 것이다. 진남포가 위치한 평안도는 함경도와 함께 전통적으로 양계지역으로 설정되어 삼남지방과의 교류가 허락되지 않았다. 그러나 조세가 칙수勅需와 방어비용으로 지역 내에서 이용된다는 점에서 상업적으로 발달할 수 있는 가능성을 가지고 있었고 청과의 무역 또한 활발하여 장래 상업의 발전이 기대되던 곳이었다.[32]

전통적으로 평안도 지역이 주도하던 대청對淸무역에서 부산, 원산, 인천이 잇달아 개항되면서 개항장을 중심으로 한 대일무역으로 상권이 재편되었다. 그러나 서해안 북쪽에는 공식적으로 무역을 할 수 있는 창구가 없었기에 평안도 지역과 가까운 산둥반도에서 오는 청상들의 밀무역이 성행하게 되었다. 이에 조선은 물론 일본과 청 모두 대동강 인근

---

31 김대호,「청일전쟁 후 조선의 평안도 통상개방과 외세의 간섭」, 서울대 석사논문, 2012.
32 김동희,「진남포의 개항과정과 무역구조의 변화(1897~1910)」,『역사연구』26, 역사학연구소, 2014, 109면.

지역을 개항하려고 하였다. 우선 조선정부는 평안도의 풍부한 지하자원과 농업 생산품을 이용하여 무역을 확대시키고 이로써 관세수입 증대 및 밀수행위 억제를 목적으로 대동강 인근을 조사하였다.[33] 이런 조선의 움직임에 대해 청국은 바로 대동강 인근 지역 개항장 설치를 불허한다고 통보하였다.[34] 그러자 조선은 청국 상인들이 평안도에서 통상하는 것에 대해 일본이 균점을 요구한다고 하여 이를 기회로 다시 한번 평안도 개항을 시도하였고 해관권 박탈을 우려한 청이 또 반대하였다.[35] 대신 청은 대동강 인근 지역에 개항장이 설치될 것을 대비하여 조사를 시작하였다. 이러한 움직임에 대해 일본정부는 위안스카이袁世凱에게 함께 조선과 개항 교섭을 하자고 협상하였다. 이는 청이 단독으로 대동강 인근 지역을 개항시킬 경우 그 권리가 청에 독점되는 것을 막기 위함이었다. 이에 리훙장李鴻章은 대동강 하류 철도鐵島를 개항시켜달라고 조선정부에 요구하였으나 조선은 거부하였다. 즉 이미 두 차례나 청의 반대로

---

33 1887년 당시 외교 고문이었던 데니(Owen N. Deny)는 조선의 천연자원의 실태를 파악하기 위하여 조선 북부지방을 시찰한 후 "평양은 농업 및 광물 생산이 풍부한 북부지방의 중심도시이므로, 이에 적절하게끔 교역 증대를 장려해야 하며, 이로써 관세수입을 크게 증가시키고 대동강을 왕래하면서 자행되고 있는 밀수 행위를 억제할 것이며, 뿐만 아니라 평양 또는 그 인근에다 개항장을 개설함으로써, 평양을 중심으로 그 인근 주변에 매장되어 있는 귀중한 석탄 및 기타 광물자원을 개발하기 위하여"라며 대동강 인근의 개항장 설치를 건의하였다. 이 건의는 해관 총세무사 메릴(H. N. Merrill)의 전폭적인 지지를 받았고, 그 후 메릴은 고종으로부터 평양에서 가장 가까운 지점에 개항장을 설치할 항구를 물색하라는 명을 받아 평안도 지역으로 파견되었다.(Owen N. Deny, 김원모 역,『淸韓論』, 동방도서, 1989, 32면)
34 리훙장은, 평양은 중국의 牛莊항구와 가까운 거리에 위치하므로 평양에 개항장을 설치하면 청국의 교역 활동에 심각한 방해가 된다며 반대하였다. 그러나 데니는 "조선의 천연자원과 국가의 부를 조선의 국가 이익을 위해서가 아니라, 청의 국가 이익에 보탬이 되도록 지시·조종함으로써 조선의 해관사무를 관장하려는 것이 청국 정부의 목적이 아닌가"라고 추측하였다.(위의 책, 33면)
35 김동희, 앞의 글, 112면.

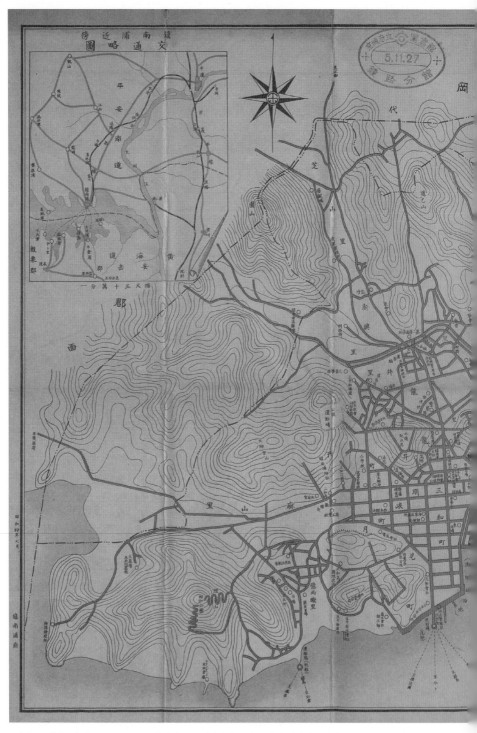

〈사진 7〉 진남포관내도(1929). 1897년 진남포를 개항하였을 때 중심이 되었던 곳이다. 이곳을 중심으로 일본인 시가지가 펼쳐져 있는 것을 확인할 수 있다.(『府勢一斑』, 鎮南浦府, 1927)

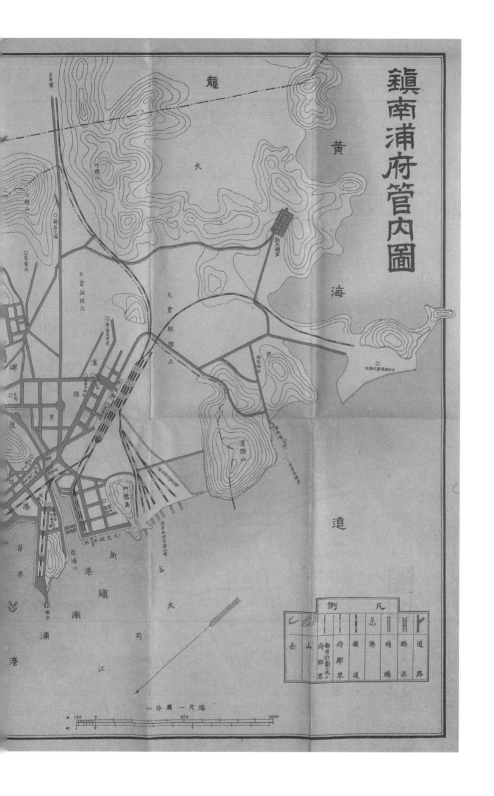

鎮南浦府管内圖

龍

大

黄

海

道

黄

凡　例

岳山	府郡界	府郡界	都市計劃後ル	鐵道	港	棧橋	鶴梁	道路

一尺萬一分編

개항이 무산된 조선의 입장에서 청과 일본이 주도하는 개항에 반대하는 것은 당연하였다. 그러나 청일전쟁에서 승리한 일본이 조선에서 주도권을 잡자 바로 서해안에 위치한 진남포와 목포의 개항교섭이 시작되었다.

　당시 일본은 청일전쟁에서 승리하였지만 삼국 간섭으로 랴오둥반도를 반환해야 했고 을미사변 등으로 조선에서의 입지가 떨어진 상태였다. 게다가 다른 열강에 비해 자본력과 외교적 전략도 떨어졌다. 이런 상황을 극복하기 위해 일본은 부산, 원산, 인천 3개의 개항장 외에 새로운 개항장과 개시장을 확보하는데 힘을 기울였다. 구체적으로는 첫째, 청국이 전쟁에서 패하고 후퇴했기 때문에 개항장·개시장을 통한 통상무역에서 지리적으로 근접한 일본이 다른 열강들보다 주도권을 잡을 수 있을 것이라는 판단, 둘째, 청일전쟁에서 종군하였던 어용상인이나 군속들이 종전 후에도 조선에 눌러 앉은 자가 많았고, 전쟁 승리로 조선이라는 '신천지'에서의 성공을 노리는 새로운 도항자들이 대폭 늘어났기 때문에 이들을 흡수, 정착시킬 장소가 필요했기 때문이다. 마지막으로 청일전쟁을 통해 일본은 전관거류지가 지닌 전략적 요충지로서의 역할을 높이 평가하고 앞으로의 새로운 전쟁에 대비한 새로운 거점을 확보하기 위해서였다.[36] 이에 1897년 7월에 목포와 진남포,[37] 1899년 5월에 군산, 마산, 성진이 개항되었고, 같은 해 11월에는 평양이 개시되었다.[38]

36　손정목, 「목포 및 진남포 개항─청일전쟁 이후의 도시의 변화」, 앞의 책, 73~74면.
37　국사편찬위원회 편, 「三. 諸方機密公信往 三, (17)平安道 鎭南浦(또는 旗津浦) 및 全羅道 木浦 開港約書案」, 『駐韓日本公使館記錄』 5, 국사편찬위원회, 1990.
38　국사편찬위원회 편, 「三. 外部往來, (72)城津·群山·馬山의 開港 및 平壤 開市와 同 請議 書 呈閣의 件」, 『駐韓日本公使館記錄』 13, 국사편찬위원회, 1995; 국사편찬위원회 편, 「二. 外部來信, (12)三港一市의 開辦豫定日 通告」, 『駐韓日本公使館記錄』 14, 국사편찬위원회,

1904년 2월과 3월에 의주 개시, 용암포 개항이 선언되었는데,[39] 이러한 개항과 개시는 청일전쟁 이전과 같이 한국정부가 조약에 의거하여 승인한 것이 아니라 '자개自開의 형식'을 취하고 있다.[40] 그러나 이 '자개'의 뒤에는 일본의 개항에 대한 강력한 요구와 종용이 없었다고 할 수 없다.

진남포는 대동강 입구에서 약 20리 정도 거슬러 올라간 곳에 있는 하천 항만으로 서선西鮮지방 제일의 양항이라고 일컬어진 곳이었다. 개항 전에는 삼화현三和縣에 속한 증남포甑南浦라고도 불렸으며 인구라고는 어업에 종사하는 조선인들이 흩어져 거주하고 있는 한적한 어촌이었다. 개항 후 진남포에는 각국 거류지회, 세관, 일본과 청의 영사관 등이 개설되었고 이듬해에는 일본거류민총대역장日本居留民總代役場이 설치되었다.[41] 1899년에는 청국영사관이 개관하고 미국은 명예영사를 두었으며 러시아는 대리영사를 두었다. 영국은 영사관 부지를 선정하였을 뿐 개관하지 않았다.[42] 따라서 가장 적극적으로 조계지 확보에 나선 일본이 각국조계지에서 실권을 장악하게 되었다. 한국정부는 삼화군청을 진남포로 옮겨 개항장 단속을 하게 하였다. 그러나 1904년 러일전쟁이 발발하자 이곳은 재차 군사 요충지가 되었고 군용선의 정박지, 물산의 집산지로서 중요한 위치를 점하였다. 또한 어용상인의 이주, 토목건축공사

1995.

39 국사편찬위원회 편, 「十. 本省其他歐文電報往來控. (20)義州와 龍岩浦의 개항에 관한 건」,
    『駐韓日本公使館記錄』 18, 국사편찬위원회, 1997; 국사편찬위원회 편, 「二. 鴨綠江經營
    一~七, (752) 龍岩浦開港 결정 통보」, 『駐韓日本公使館記錄』 19, 국사편찬위원회, 1997;
    국사편찬위원회 편, 「二. 鴨綠江經營 一~七, (746)義州開市의 裁可 통지와 구역 · 시기에
    관한 再相談의 건」, 『駐韓日本公使館記錄』 19, 국사편찬위원회, 1997.

40 奧平武彦, 「朝鮮의 條約港과 居留地」, 『朝鮮社會法制史研究』, 岩波書店, 1937, 105~106면.

41 田中市之助, 『全鮮商工會議所發達史－13. 鎭南浦』, 釜山日報社, 1936, 1면.

42 前田力 編著, 『鎭南浦府史』, 鎭南浦史發行所, 1926, 35면.

<사진 8> 일제시기 진남포항 전경.

의 성행 등이 이어져 시가지의 기초가 이때부터 만들어지게 되었다.

이상에서 한국 주요 항구의 개항 목적, 개항 과정, 개항 이후 도시의 변화를 대략 살펴보았다. 한국의 개항 경험이 동북아 모든 국가의 경험을 대표할 수는 없지만 보편적으로 적용되는 특징들이 몇 가지 있다. 첫째, 동북아 각 지역의 주요 항구도시들은 19세기 제국주의 국가들에 의해 개항을 경험하였다. 그렇기 때문에 개항장은 식민공간이라고 할 수 있으며 식민모국의 경제적 이익을 최우선으로 생각하는 공간이었다. 이러한 특징은 한국의 각 개항장에서 가장 선명하게 드러난다. 둘째, 식민모국으로부터 접근이 편리하거나 식민지 내의 주요 도시 또는 국외 각 개항장으로의 이동이 용이한 지역에 개항장이 설치되었다. 예컨대 부산은 지리적으로 일본과 가장 근접해 있으면서 해로로 조선 내 주요 항구로의 이동이 용이한 지역이었다. 인천의 경우 개항 초기 화교사회가 공고해진 곳으로, 이들은 중국 산둥반도를 연결하는 네트워크 역할을 하였다.[43] 셋째, 풍부한 농수산물을 획득할 수 있는 배후지가 있는 곳이 개항장으로 선정되었다. 위에서 언급하지는 않았지만 군산과 목포의 경

---

43 이옥련, 「개항 이후 인천의 화교사회와 동아시아 네트워크」, 『동아시아 개항도시의 형성과 네트워크』, 글로벌콘텐츠, 2012, 331면.

우, 조선 최대의 평야지대를 배후로 하고 있다. 넷째, 인구가 풍부하여 소비지로서의 역할을 할 수 있는 곳이 선정되었다. 인천은 조선 최대의 소비지 수도로 들어가는 중요 항구로서 제국 일본뿐만 아니라 청, 영국 등 각국이 경합을 벌이던 곳이었다. 이러한 개항장들은 좁게는 일국 내에서 상호 영향을 주고받으면서 유기적인 관계를 구축하였고 이러한 유기적인 관계는 해역을 넘어 동북아 각 개항장과의 네트워크를 형성하기도 하였다.

4. 개항장, 근대를 지향한 식민 공간

1) 개항장의 도시경관

도시에는 서로 알지 못하는 수많은 사람들이 모여들어 도시적 대인관계의 규칙이나 도시적 생활양식, 혹은 도시 생활의 리듬을 형성하게 된다. 그러므로 도시는 다양성, 중층성을 특징으로 한다. 그리고 끊임없이 유동한다. 여기서 '근대'도시가 태동하였다.[44] 1876년 개항과 함께 조선 사회는 정치, 사회, 경제적으로 상당한 변화가 일어났고 그에 동반하여 도시 경관에도 큰 변화가 목격되었다.

한국의 첫 개항장 부산의 사례를 통해 도시 경관의 변화를 살펴보도록 하자. 부산에는 개항 이후 기존의 초량왜관을 중심으로 일본조계가 설치되었다. 이곳은 일본인의 거주와 상업을 위한 영역이었고 식민 지배자로 세력을 떨쳤던 권력의 공간이었다. 일본을 그대로 옮겨놓은 것

---

44 나리타 류이치, 서민교 역, 『근대 도시공간의 문화경험』, 뿌리와이파리, 2011, 20~21면.

같은 장소였으며 식민지 공간의 지배 집단인 일본인들의 우월감과 상징성이 반영된 공간이기도 했다. 개항 이후 부산은 말 그대로 '일국一國 속의 소국小國'='조선 속의 일본'으로 변모하였다. 이러한 부산을 당시 미국인 선교사 알렌은 다음과 같이 표현하고 있다.

> 부산은 완전히 왜색 도시이다. 도시 변두리로 가지 않고는 조선 사람이라 곤 거의 찾아볼 수 없을 정도이다. 일본인은 아주 우아한 백색건물을 영사관 으로 사용하고 있었다.(1884년 9월 14일)[45]

러시아 참모 본부 소속 육군 대령이었던 카르네프는 1885년부터 1896년까지 조선 전역을 여행하며 조선의 풍경, 풍물, 문화 등을 기록으로 남겼다. 그가 처음 마주한 부산의 모습은 알렌과 크게 다르지 않았다.

> 일본인 거리는 부산의 작은 만 서쪽 해안에 있었다. 그곳에는 창고들이 이어져 있는 작은 세관 건물이 들어서 있었고, 그 옆으로는 일본 우선회사 사무소가 나란히 서 있었다. 세관에서 서쪽으로 가면 보도에 나무를 깔아놓 은 큰 거리가 있었다. 그곳에는 일본 미용소, 여관, 일본과 유럽에서 생산된 여러 가지 상품들을 파는 2층짜리 상점들이 죽 들어서 있었다. 이 상점에서 는 등불, 식기, 부채, 지갑, 일본산 직물, 가위, 칼, 신발 등등을 팔았다. 거리 끝에는 일본 우체국과 전화국이 있었다. 서북쪽으로는 돌로 포장된 다른 큰 거리가 뻗어 있었다. 그 길을 따라가면 조선과 일본 상점들이 있었는데, 그 상점들에서는 소금에 절여 말린 명태, 조선산 목면, 점토와 무쇠 그릇들, 반

---

45 H.N. 알렌, 김원모 역, 『알렌의 일기』, 단국대 출판부, 1991, 22면.

짝거리는 금속 파이프, 긴 담뱃대용 갈대줄기 등을 팔고 있었다. 그 길을 따라가면 일본 다다미 제작소 등이 들어서 있었다. 서쪽으로 조금 가면 골목이 하나 나오는데, 이곳에 일본 병영과 붉은색으로 칠해진 일본영사관이 들어서 있었다.[46]

카르네프가 본 부산의 모습은 사쿠라이 군노스케의 여행기에서 그대로 재현되고 있다. 사쿠라이는 청일전쟁을 즈음하여 취재 목적으로 조선으로 건너왔다.

부산의 일본 거류지에는 이같이 호수(戶數)도 많고 인구도 많다. 그래서 살아가는데 필요한 기관은 모두 갖추어져 있다. 제국총영사관, 경찰서, 동아무역신문사, 우편전신국, 공립공원 등이 있고, 일본우선회사, 오사카상선회사, 제일국립은행, 제백국립은행 등의 지점이 있다. 조선어학교, 공립소학교, 혼간지 별원도 있다. 이러한 기관들은 완전하다고까지는 할 수 없지만, 또한 불완전하다고도 말할 수 없다. 숙박시설도 비교적 갖추어져 있다. 오이케(大池), 도요타(豊田), 츠요시(津吉), 고지마(小島), 마츠노(松野), 후쿠시마(福島) 등이 모두 깔끔히 정돈되어 여행자가 편히 쉴 만하다. 숙박료는 매우 싼데도 일본 국내의 숙박시설과 별다른 차이점이 눈에 띄지 않는다. 음식점은 도쿄루(東京樓)와 게이한테이(京阪亭)를 최상으로 친다. 일반 손님이 가득 들어차서 가무와 악기 소리로 밤새 시끌벅적하다. 대개 재류인(在留人)들은 요란스럽게 놀려고 하는 것처럼 보인다.[47]

---

46 카르네프 외, 김정화 외역, 『내가 본 조선, 조선인』, 가야넷, 2003, 25면.
47 사쿠라이 군노스케, 한상일 역, 「조선시사」, 『서울에 남겨둔 꿈』, 건국대 출판부, 1993, 270면.

부산의 일본 조계 내에는 시가지의 공간적 구조에서 거의 일본의 그것과 다를 바 없는 일본적인 성격이 두드러졌다. 공간 구조의 변화는 도시문화생활 전반에 영향을 끼쳤다. 이곳에는 행정과 상업시설뿐만 아니라, 신사, 사찰, 극장, 유곽 등의 문화시설도 등장하였다. 식민도시라는 것에서 불균등성이 전제되어 있지만 부산은 조선적인, 일본적인, 서구적인 것들이 뒤섞인 '섞임의 공간'이자 '혼종의 공간'이었다.[48]

근대는 도시의 형성과 더불어 삶의 형식을 획기적으로 바꾸어갔다. 개항 이후 조선에 등장한 개항장 도시들은 서서히 근대적 외관을 갖추어 갔지만, 지배와 피지배의 관계 속에서 비대칭적 불균형으로 이루어진 식민지 도시의 전형들이었다. 하지만 화려한 볼거리와 더불어 개조와 문명의 이름으로 들이닥친 근대는 '식민지 도시'의 회색빛 경관을 관통하여 사회 곳곳에 확산되었다. 한국 내 각 개항장의 일본 조계지에는 서양식의 건물과 일본식 건물이 섞여있고 그 외곽에는 조선인 주거지가 혼재하게 된다. 위에서 언급했듯이 새롭게 만들어낸 공간에는 각종 공공건물들과 은행, 회사, 학교, 상점 등이 들어서서 외관상으로는 근대적 면모를 갖추었다. 그러나 이러한 조계지 내의 변화는 지배자/피지배자의 거주 공간의 이분화를 바탕으로 하는 식민지 도시 건설의 기획 속에서 이루어졌다고 볼 수 있다. 이때 개항장은 전통과 근대가 공존하고 식민자와 피식민자의 권력관계가 접합되게 된다. 개항장은 일차적으로 식민 모국의 경제적 공간이 '확대되는' 곳이었다. 도시계획의 관념과 형태는 식민모국의 정치, 경제, 사회, 문화적 인식을 재생산하였다. 다만

---

48 이가연, 「개항장 부산 일본 거류지의 소비공간과 소비문화」, 『항도부산』 39, 부산광역시 시사편찬위원회, 2020, 89면.

지역의 상황에 따라 그 표현방식이 달라졌을 뿐이다.[49]

2) 새로운 문화의 접촉지대

중화 중심적 관념을 오랫동안 체화하고 있던 중국인들에게 서양 제국주의자들의 이동과 함께 침투하기 시작한 이질적인 서양문화는 쉽게 받아들일 수 없는 것이었다. 서양인들을 이인夷人, 서양 조계를 이장夷場이라고 부를 만큼 전통적 사고와 인식에서 벗어나지 못한 반응을 보이기도 하였다. 그러나 개항 이후 개항장을 둘러싼 인근의 원주민들은 서양문화의 유입과 함께 변화하는 도시의 모습을 목격할 수밖에 없었다. 그 과정에서 그들은 중화 중심적 전통 관념에서 서서히 벗어나 근대로 향하게 된다. 중국 상하이의 경우가 이문화의 접촉, 충돌, 수용을 관찰할 수 있는 대표적인 개항장 도시일 것이다.

양쯔강 하구에 위치한 상하이는 원래 소규모 지방도시에 불과했으나 개항 약 100년 전부터 동남연해의 항구도시로 서서히 성장하고 있었다. 개항이 되기 전부터 양쯔강과 연해를 이용하여 국내 교역을 하고 있었을 뿐만 아니라 조선, 일본 등 외국과의 교역도 진행되고 있었다. 그러던 중 1842년 아편전쟁의 결과로 체결된 난징조약에 의해 기존의 광저우 외 푸저우, 사면, 닝보와 함께 상하이가 개항되었다. 이어 1845년 11월 영국과 체결한 상하이토지장정上海土地章程에 기초하여 황푸강黃浦江 서쪽 강안의 토지 임대가 시작된 것이 상하이 조계의 시작이었다. 흔히 와이탄外灘으로 부르는 쑤저우강蘇州河에서 옌안로延安路에 이르는 약 4킬로미터의 강변에 상업을 목적으로 한 서양식, 중국식 건물들이 경쟁적으로

---

49 앤소니 킹, 이무용 역, 『도시문화와 세계체제』, 시각과 언어, 1999, 114면.

들어서기 시작하였다. 각국 영사관은 물론이고 무역, 금융 등 서양 제국주의 국가들의 경제적 진출을 뒷받침해 줄 수 있는 회사들이 이곳을 중심으로 본격적으로 활동하였다. 항구도시 상하이는 서양조계가 설치됨으로서 중국 전통문화와 새로운 서양문화의 접촉지대가 되었다. 흔히 문화의 접촉지대에서는 기존 문화와 이문화의 충돌, 수용, 배제, 저항, 혼종, 섞임, 모방 등의 다양한 현상이 나타나며 이러한 가운데서 새로운 양상의 근대문명이 형성된다.

중국인들, 특히 상하이인들은 개항장 내 서양 조계의 외양적인 번성과 근대화된 도시로서 표현된 서양의 근대문명을 직접 목격하였다. 와이탄의 넓고 정비된 도로, 밝은 조명, 높고 화려한 서양식 건물들, 다양한 서양 상품과 세련된 영업방식, 근대적 교통수단, 백화점, 극장, 경마장, 댄스홀 등 문화시설 등은 중국인들로 하여금 부러움과 함께 스스로를 반성하게 하였다. 이러한 현상이 계속될수록 서서히 인식의 변화가 일어나 '중국이 천하의 유일한 문명국가'라는 전통적 중화사상에서 벗어나게 된다.[50]

상하이는 서양인뿐만 아니라 각지에서 중국인이 몰려들던 곳이었다. 1853년 조계 내에서 중국인과의 공동 거주가 허락된 이후 빠르게 중국인들이 유입되었고, 중국과 서양이 서로 혼합된 사회 환경 속에서 인식과 사고방식이 타 지역보다 빠르게 전환되었다. 인식과 사고방식의 전환은 새로운 정보를 접하면서 더욱 가속화되었다. 상하이는 중국에서 가장 개방적인 국제도시였고 각종 정보가 여기서 교환되었다. 사람들은

---

50 이철원, 「중국의 근대문화 형성과정에서 상해 조계의 영향」, 『중국문화연구』 15, 중국문화연구학회, 2009, 541면.

〈사진 9〉 1920년대 상하이 와이탄.

〈사진 10〉 오늘날 상하이 와이탄(2018).

더 많은 이익을 차지하기 위해, 또는 새로운 문화를 가장 먼저 맞이하기 위해 정보 교환을 중시하였다. 당시 정보 교환의 가장 효과적인 수단은 신문이었다. 19세기 상하이에서 발행된 신문은 외국어와 중국어를 망라하여 총 200종이 넘었다. 정보가 넘쳐나고 외국으로부터 새로운 근대 문화가 계속해서 유입되었으며 중국 각지에서 몰려든 사람들로 인해 각지 지방 문화까지 상하이에 집합하였다. 비록 중국인들이 이방인의 장소 '와이탄'의 주인공이 될 수는 없었지만 와이탄을 통해 세계를 바라보는 시야가 확장될 수 있었음에는 틀림없다. 이처럼 새로워진 인식 세계는 변혁을 추구하는 심리로 발전하였다.[51]

5. 동북아 해역의 개항장 네트워크

이상에서 개항장의 개념과 개항의 경위, 근대를 지향하는 식민공간으로서의 개항장의 모습을 살펴보았다. 개항장은 동북아 해역 국가인 한국, 중국, 일본에만 있었던 독특한 공간이며 제국주의 국가라는 강력한 외부 세력에 의해 만들어졌다. 그러나 동북아 각국이 직면했던 개항의 사정은 매우 다르며 더욱이 같은 국가 내에서도 개항장의 공간 구조, 지리적 위치, 항만 조성 방식 등에 차이가 존재한다. 개항 이후의 상황 또한 달랐다. 한국은 일본의 완전한 식민지가 되었으며 중국은 반식민지 상태가 지속되었고 일본은 제국주의 국가로 위세를 떨쳤다. 그렇기 때문에 개항장의 성격을 한 마디로 정의하기란 굉장히 어렵다. 그럼

---

51 이철원, 앞의 글, 546면.

에도 불구하고 개항장을 중심으로 근대 도시가 형성되었고 새로운 사조가 생겨났으며 이문화의 접촉과 충돌이 일어났다. 개항장에는 사람의 이동, 상품의 교환, 문화의 교류 등이 항시 이루어졌으며, 이러한 과정은 동북아의 근대화와 밀접한 관련을 맺고 있다.

동북아 해역의 개항장이 비록 제국주의 국가에 의해 만들어졌다 하더라도 개항장은 경계를 넘나드는 이동과 그러한 이동으로 인해 만들어진 흐름에 따라 동북아의 해역 네트워크를 형성하는데 밑바탕이 되었다. 그렇기 때문에 동북아 해역 국가의 개항장을 이해하기 위해 일국사적 시각에서 벗어나 동아시아, 더 나아가 세계사적 시각을 가질 필요가 있다. 즉 개항장의 형성이 서양 제국주의 국가의 '서세동점'과 관련이 있으므로 세계사적 시각에서 개항장의 형성을 바라봐야 한다. 한국, 중국, 일본의 개항장은 각각 독립된 장소이지만 상호 연쇄과정 속에서 형성되었다. 그렇기 때문에 한 국가 내에서 개항장과 개항장 사이의 관계는 물론이고 동북아 해역 국가들과의 상호 관계 속에서 개항장을 비교 검토할 필요가 있다. 이러한 비교 검토를 통해 동북아 해역 국가의 각 개항장들의 특징이 드러나고 네트워크가 분명해질 것이기 때문이다.

| 참고문헌 |

高尾白浦, 『元山港』, 東書店, 1922.

高尾新右衛門 編, 『元山發展史』, 1916.

渡邊勝美, 『朝鮮開國外交史硏究』, 東光堂書店, 1941.

元山府, 『(日本海の商港)元山』, 啓文社, 1926.

仁川開港二十年紀念會, 『仁川繁昌記』, 龍溪書舍, 1903.

仁川府, 『仁川府史』, 仁川府, 1933.

前田力 編著, 『鎭南浦府史』, 鎭南浦史發行所, 1926.

鎭南浦府, 『府勢一斑』, 鎭南浦府, 1927.

田中市之助, 『全鮮商工會議所發達史-13, 鎭南浦』, 釜山日報社, 1936.

奧平武彦, 「朝鮮の條約港と居留地」, 『朝鮮社會法制史硏究』, 岩波書店, 1937.

국사편찬위원회 편, 『駐韓日本公使館記錄』(영인본), 국사편찬위원회, 1990.

국회도서관 입법조사국, 『舊韓末條約彙纂』 上, 국회도서관 입법조사국, 1964.

김용욱, 『한국개항사』, 서문당, 1976.

손정목, 『한국 개항기 도시사회경제사 연구』, 일지사, 1982.

이현종, 『한국개항장연구』, 일조각, 1975.

인하대 한국학연구소 편, 『동아시아 개항도시의 형성과 네트워크』, 글로벌콘텐츠, 2012.

조정민 편, 『동아시아 개항장 도시의 로컬리티』, 소명출판, 2013.

나리타 류이치 저·서민교 역, 『근대 도시공간의 문화경험』, 뿌리와 이파리, 2011.

사쿠라이 군노스케, 한상일 역, 「조선시사」, 『서울에 남겨둔 꿈』, 건국대 출판부, 1993.

앤소니 킹, 이무용 역, 『도시문화와 세계체제』, 시각과 언어, 1999.

카르네프 외, 김정화 외역, 『내가 본 조선, 조선인』, 가야넷, 2003.

Horace N. Allen, 김원모 역, 『알렌의 일기』, 단국대 출판부, 1991.

Owen N. Deny, 김원모 역, 『淸韓論』, 동방도서, 1989.

강덕우, 「인천개항과 관련한 몇 가지 문제」, 『인천학연구』 1, 인천대 인천학연구원, 2002.

김대호, 「청일전쟁 후 조선의 평안도 통상개방과 외세의 간섭」, 서울대 석사논문, 2012.

김동희, 「진남포의 개항과정과 무역구조의 변화(1897~1910)」, 『역사연구』 26, 역사학연구소, 2014.

김백영, 「일제하 서울에서의 식민권력의 지배전략과 도시공간의 정치학」, 서울대 박사논문, 2005.

김용욱, 「부산 개항 후 한국 각 항에 관한 연구–주로 일본조계를 중심으로」, 『항도부산』 6, 부산시사편찬위원회, 1967.

김주관, 「공간구조의 비교를 통해 본 한국개항도시의 식민지적 성격–한국과 중국의 개항도시 비교를 중심으로」, 『한국독립운동사연구』 42, 독립기념관 한국독립운동사연구소, 2012.

손정목, 「개항장 · 조계제도의 개념과 성격–한반도 개항사의 올바른 인식을 위하여」, 『한국학보』 8, 일지사, 1982.

_____, 「목포 및 진남포 개항–청일전쟁 이후의 도시의 변화」, 『도시문제』 11, 대한지방행정공제회, 1976.

오미일, 「개항(장)과 이주상인–개항장도시 로컬리티의 형성과 기원」, 『한국근현대사연구』 47, 한국근현대사학회, 2008.

이가연, 「개항장 부산 일본 거류지의 소비공간과 소비문화」, 『항도부산』 39, 부산광역시시사편찬위원회, 2020.

이우영, 「한말 일본인 거류지의 설정과 그 역할」, 『경북대학교 논문집』 13, 경북대, 1969.

이철원, 「중국의 근대문화 형성과정에서 상해 조계의 영향」, 『중국문화연구』 15, 중국문화연구학회, 2009.

동북아 해역과 이주

최민경

1. 동북아 해역과 이주 연구의 만남

해역海域은 국민국가를 가로지르는 다양한 형태의 초국가적transnational 네트워크를 포함하는 바다와 관련된 인간 활동의 범위이다.[1] 그리고 이러한 해역에 주목한다는 것은 기존에 '공기처럼 존재해 온' 육지와 국민국가 중심의 분석 시각을 상대화하는 작업이다. 근대 이후 인문, 사회 계열의 각 분과 학문은 국민국가를 자연스러운 사고의 단위로 하는 '방법론적 내셔널리즘methodological nationalism'에 오래 동안 빠져있었다.[2] 국민국

---

[1] 해역의 정의는 다양할 수 있으나 이 글에서는 자연지리적인 용법에서 벗어나 바다와 관련된 인문 현상이 일어나고 교류한다는 측면에 주목한다. 이와 관련하여 다음 연구들을 주목할 수 있다. 모모키 시로, 최연식 역, 『해역아시아사 연구 입문』, 민속원, 2012. 하네다 마사시, 조영헌·정순일 역, 『바다에서 본 역사—개방, 경합, 공생, 동아시아 700년의 문명 교류사』, 민음사, 2018; 家島彦一, 『海域から見た歴史』, 名古屋大学出版会, 2006.

[2] Wimmer, Andreas · Schiller, Nina Glick, "Methodological Nationalism, the Social Sciences, and the Study of Migration : An Essay in Historical Epistemology", *International Migration Review* 37-3, Center for Migration Studies, 2003, pp.576~610.

가를 사고의 단위로 삼는다는 것은 국경을 의식한 인식의 틀에 사로잡힘을 의미하기 때문에 당연히 육지 중심의 분석 시각을 가질 수밖에 없다. 그러나 인류 역사를 돌이켜 보면 인간의 많은 활동 그리고 인문 현상은 국민국가의 틀에서 벗어나 있었다. 그 중에서도 이주는 근대 이후 '방법론적 내셔널리즘'이 강력하게 작동하는 와중에도 국민국가의 경계를 넘나들며 활발하게 이루어져 왔다. 그리고 바로 이 지점에서 이주 연구는 해역 연구와 만나게 된다. 육지와 국민국가 중심의 분석 시각을 상대화하는 해역 연구의 특징은 국경을 가로지르는 인구 이동을 고찰하는 이주 연구와 접점이 많으며 연구 대상과 방법에 있어서 상호 시너지 효과를 낼 수 있는 관계에 있다.

그리고 이 글에서는 구체적으로 동북아 해역 연구와 이주 연구를 교차시켜 논하고자 한다. 물론 이와 같은 논의를 하는데 있어서 특히 동북아지역의 근현대 역사에 대한 이해가 바탕이 되어야 하겠다. 동북아지역은 근대에 들어 국민국가 체제가 확고해지기도 전에 열강에 의한 개항을 경험하고 신문물을 받아들이게 되었으며 결국에는 일본 제국의 영향권 아래에 놓였다. 그리고 1945년 일본 제국의 패망으로 인해 뒤늦게 국민국가 체제를 다지게 되는데 이번에는 냉전이라는 국제 질서의 영향을 크게 받는다. 이러한 동북아지역 근현대사의 특징은 동북아 해역의 이주에도 고스란히 반영되었다. 19세기 말부터 본격적으로 시작된 개항은 동북아지역에 있어서 해역을 이주의 중심 공간으로 만들었고 이후 일본 제국의 팽창 속에서 특수하고 비대칭적인 형태의 이주가 해역을 통해 이루어졌다. 한편 제국의 패망과 그 후의 냉전은 해역을 통한 이주의 통제와 불법화, 변형이라는 결과를 불러일으키기도 했다. 여기에서 중요한 사실은 이와 같이 근현대에 걸쳐 동북아 해역에서 이루어진 사람의 이동 양상은 그 자체로도 새로운 이주 연구의 대상이 될 수 있을 뿐 아니라 이에 대한 분석을 통해 기존의 이주 연구에 대한 이론적 함의를 제공할 수 있다는 것이다.

동북아 해역의 이주를 바라봄으로써 우리는 어떠한 학문적 영감을 얻을 수 있을까. 그리고 그렇게 얻은 학문적 영감은 우리의 삶에 어떠한 인문학적 상상력을 더해줄까. 이 질문에 답하기 위해 이 글에서는 근현대 동북아 해역을 이동한 대표적인 이민 집단인 재일한인在日韓人, 재조일본인在朝日本人, 화교華僑[3]를 중심으로 이주 연구의 대상과 방법 두 가지 측면에서 살펴보고 동북아 해역 연구와 이주 연구의 생산적인 만남에 대한 실마리를 찾아보고자 한다.[4]

---

3 국외 거주 중국인을 가리키는 말로 화교 외에 화인(華人)도 있다. 화교와 화인의 구분은 국적의 유무로 거주하는 곳의 국적을 취득한 경우 화인이라고 한다. 다만 이 글에서는 그러한 구분을 하지 않고 보다 일반적인 용어인 화교를 사용하도록 한다. 이는 근현대에 걸쳐 동북아지역에 있어서 '국적'의 형태와 의미의 변동이 심했다는 역사적 사실을 염두에 둔 것이기도 하다.

4 이 글은 기존의 이주 연구 및 동북아 해역 연구를 참고, 인용하는데 있어서 한 가지 큰 한계를 지닌다. 바로 중국어 문헌의 부재로 근현대 동북아 해역의 주요 이주 흐름 중 하나가 화교에 의한 것이었다는 점을 생각했을 때 결정적인 한계이다. 이는 필자의 부족한 능력에 기인한 것으로 앞으로의 과제로 삼고자 한다.

2. 이주 연구의 대상, 동북아 해역

이 절에서는 근현대에 걸쳐 동북아 해역에서 일어난 '국제적인' 인구 이동 양상을 정리함으로써 이주 연구의 대상으로써 동북아 해역이 지니는 특징을 개괄하고자 한다. 이주 연구의 시작이 전통적인 이민국가, 예를 들어 미국, 영국, 프랑스, 호주 등을 중심으로 이루어져 왔다는 사실을 생각했을 때 후발 이민국가가 중심인 동북아 해역은 이주의 역사, 구조, 경험, 표상 등의 측면에서 아직까지 충분한 연구가 진행되지 않은 상태이다.[5] 이에 이 절에서는 1945년 이전 근대 시기의 전통적 이주와 1945년 이후의 현대적 이주로 나누어 동북아 해역의 이주 현상을 검토하고 새로운 이주 연구의 대상으로서 동북아 해역이 지니는 가능성을 살펴보도록 하겠다.

1) 전통적 이주

동북아 해역에 있어서 근대 시기 전통적 이주의 시작은 개항으로 거슬러 올라갈 수 있다. 19세기 중후반부터 서구 열강의 진출과 더불어 동북아 해역의 여러 주요 항구는 불평등조약에 의해 타의적으로 세계를 향해 열렸고 그 결과 개항장이 설치되었다. 동북아 해역에서의 개항과 개항장의 설치는 1842년 중국이 그 시작을 알렸고, 일본과 조선은 각각 1858년과 1876년 그 뒤를 잇게 된다. 개항은 근대의 시작이었고, 개항

---

5   이주 연구에서 이민 수용국은 전통적 이민국가와 후발 이민국가로 나뉜다. 이에 대한 자
     세한 설명으로 다음 연구를 참고 할 수 있다. 이혜경, 「이민과 이민정책의 개념」, 한국이민
     재단 편, 『이민정책론』, 박영사, 2016.

장은 근대 문물, 사유가 응집하는 공간이었다. 개항장을 통해서는 기존의 여러 전통적인 관계성이 변화에 직면하였으며 그 중에서도 가장 큰 변화는 사람의 이동, 즉 이주와 정착에 의해 일어났다. 개항, 개항장 설치 이전, 바꾸어 말하자면 전근대의 국경을 넘나드는 사람의 이동은 규모와 내용 측면에서 매우 제한적으로 이루어졌으며 이동의 실태 또한 단편적으로 파악할 수밖에 없었다. 그러나 개항을 통해 개항장, 그리고 그 안에 거류지(조계)가 설치되면서 이주의 흐름은 이전 시기와는 비교할 수 없을 정도로 활성화되었다. 바꾸어 말하자면 개항장은 동북아 해역에 있어서 근대 초기 이주 현상의 결절점과 같은 기능을 한 것이다.

개항장을 거점으로 한 동북아 해역의 이주는 상인들이 주도하였다. 그 중에서도 화교상인華商은 조선, 중국, 일본의 개항장을 넘나들며 가장 활발하게 네트워크를 형성하고 활동하였다. 개항 이후 중국에는 서양 상인이 활발하게 진출하여 비즈니스를 시작하였는데 여기에는 이들과 청조淸朝 정부 및 재래 중국 상인 사이를 잇고 조정하는 매판買辦의 역할이 컸다. 그리고 바로 이 매판들이 이후 동북아 해역 개항장 중심의 이주 현상을 주도한다. 중국에 이어 일본이 개항하자 중국에서 활동하던 서양 상인들은 또 다른 기회를 찾아 일본으로 이동하였고 같은 한자 문화권의 중국인 매판을 통역으로 대동하는 경우가 종종 있었다. 이들은 일본 개항장에 설치된 거류지(조계), 구체적으로는 그 안의 차이나타운 China Town을 중심으로 활동했고 차츰 독립적인 비즈니스를 시작하는 화교상인으로 거듭났다. 이후 중국과 일본의 개항장을 잇는 항로가 개설되면서 더 많은 화교상인이 독자적으로 건너오게 되었다. 한편, 화교상인의 조선으로의 이동은 일본의 세력 확대를 경계하는 가운데 청조 정부의 적극적인 지원 아래에 이루어졌다는 특징을 지닌다. 전관專管 조계 설치, 관리 파견, 정기 항로 개설[6] 등을 통해 화교상인은 일본인 상인보다 늦게 조선에 진출하였지만 금세 상업 활동의 규모를 따라잡을 수 있었다. 그리고 이렇게 일본과 조선에 진출한 화교상인은 각국 개항장을 잇는 인적, 물적 네트워크 속에서 비즈니스와 이주의 주체로 자리매김하였다.[7]

화교상인과 더불어 일본인 상인 또한 근대 동북아 해역의 개항장을 중심으로 한 이주의 중심에 있었다. 일본인 상인의 경우, 조선으로의 이주가 두드러졌는데 이는 조선의 개항 자체가 일본에 이루어졌고 이후 1910년 한일병합에 이르기까지 정치, 군사적 위협과 더불어 경제적 이권을 침탈해간 과정을 생각하면 자연스럽다고 할 수 있다. 결과적으로 조선 거주 일본인, 즉 재조일본인의 인구는 1876년 개항 이후 폭발적으로 증가하게 되는데 개항 이듬해에는 300명이 채 안되었지만 20년 후인 1897년에는 6,000명을 넘어선다. 이후 러일전쟁, 을사늑약 체결, 통감부 설치를 거치면서 재조일본인의 인구가 더욱 늘어난 것은 쉽게 상상할 수 있다. 조선은 일본인에게 국가의 비호 아래에서 활동할 수 있는 기회의 땅이었을 것이다.[8] 일본인의 조선 이주의 경우 초기에는 화교상

---

6 1885년 조신총리교섭통상사의(朝鮮總理交涉通商事宜)로 파견된 위안스카이(袁世凱)는 특히 조선과 중국 사이의 기선 운항을 위해 노력하였는데 그 결과 윤선초상국(輪船招商局)의 기선이 1888년 3월부터 청일전쟁 직전까지 상하이(上海)-(옌타이(煙臺))-인천을 운항하게 된다.

7 근대 동북아 해역에 있어서 화교 상인의 비즈니스와 이주에 관해서는 많은 연구가 진행 중인데 종합적으로 정리되어 있는 것으로는 다음을 참고할 수 있겠다. 강진아, 『동순태호: 동아시아 화교자본과 근대 조선』, 경북대학교출판부, 2011; 이정희, 『한반도 화교사』, 동아시아, 2018; 石川亮太, 『近代アジア市場と朝鮮 : 開港・華商・帝国』, 名古屋大学出版会, 2017; 古田和子, 『上海ネットワークと近代東アジア』, 東京大学出版会, 2000.

8 국내 재조일본인 연구 현황은 다음 연구에 정리되어 있다. 이형식, 「재조일본인 연구의 현

인과 마찬가지로 상인이 중심이었다. 구체적으로 수출입에 종사하는 무역상, 그리고 조선인 객주와 일본 무역상 사이에서 거래하는 중개상이 있었는데 취급하는 상품은 각 지역별로 조금씩 차이가 있었다. 예를 들어 부산과 인천의 경우 미곡 위주였지만 원산은 대두와 사금이 활발하게 취급된다는 점이 특징이었다. 그리고 이렇게 상인 위주였던 재조일본인의 구성은 점차 다양해진다. 특히 한일병합 이후, 재조일본인에게 정주 의식이 확산되면서 생활에 필요한 각종 업종에 종사하는 일본인과 가족 구성원으로서 여성, 아동의 인구도 눈에 띄게 늘어났다.

한편 청일전쟁, 러일전쟁 이후 일본 제국의 확대는 동북아 해역에 있어서 또 다른 대규모 인구 이동의 흐름을 야기했다. 1895년 타이완臺灣을 시작으로 1945년 남양군도南洋群島에 이르기까지 일본 제국은 세력권을 확대해 갔고 이 세력권에 소속되어 있던 사람들은 다양한 이동 양상을 보였다. 자의에 의한 이동은 물론 '유도된induced' 이동, 강제적 이동 모두가 발생하였고 이동의 방향성은 거미줄처럼 복잡하게 얽혀있었다. 그리고 이러한 일본 제국 세력권의 확대라는 배경 아래에서 동북아 해역을 이동한 대표적인 이민 집단이 바로 재일한인이다.[9] 재일한인의

황과 과제」, 『일본학』 37, 동국대 일본학연구소, 2013, 245~283면. 그리고 고려대 글로벌 일본연구원에서 재조일본인의 정보사전을 출판한 바 있어 참고가 된다.(고려대 글로벌일본연구원, 『개화기 일제강점기(1876~1945) 재조일본인 정보사전』, 보고사, 2018) 그밖에 재조일본인 사회 전반에 관해서는 다음 연구들을 참고할 수 있다. 이규수, 『제국과 식민지 사이─경계인으로서의 재조일본인』, 어문학사, 2018; 이형식 편저, 『제국과 식민지의 주변인─재조일본인의 역사적 전개』, 보고사, 2013. 한편, 일본에서 출판된 대표적인 재조일본인 연구는 다음과 같다. 李東勳, 『在朝日本人社會の形成─植民地空間の變容と意識構造』, 明石書店, 2019; 木村健二, 『在朝日本人の社會史』, 未來社, 1989.

9 재일한인에 관한 연구는 국내외를 막론하고 다양한 연구들이 많이 축적되어 있는 상태로 여기에서 모두를 소개하기가 어렵다. 참고할 만한 대표적인 연구를 선택하는 일도 쉽지는 않지만 최근 출판된 연구 중 재일한인의 역사 전반을 살펴볼 수 있는 것을 위주로 소개

경우, 1910년 한일병합 이후, 일본의 식민 정책의 일환으로 토지조사사업, 산미증식계획 등이 실시되면서 농촌이 몰락하는 과정을 통해 이주가 시작되었다. 한반도의 많은 농민은 소작농으로 전락하였고 그마저도 생계를 꾸리는 것이 힘들어지면서 노동자가 되었다. 그런데 당시 한반도에는 이들 노동자를 흡수할 만큼 근대적 산업은 발달하지 못한 상태였기 때문에 일자리를 찾아 일본으로 건너가는 경우가 많았다. 일본은 제국으로서 세력권을 팽창하는 과정에 있었고 제1차 세계대전 이후에는 전후 호황을 누리면서 많은 노동력이 필요했기 때문에 한반도로부터의 배출 요인과 일본의 흡수 요인이 맞아떨어졌다. 특히 조선 남부와 일본은 지리적으로 가까워 이 지역으로부터 일본으로의 이동이 활발하게 이루어졌는데 그 결과 오늘날 재일한인의 50% 정도가 경상도 출신이다. 이들은 대부분 부산에서 부관연락선釜關連絡船을 타고 일본 시모노세키下關로 건너가 일본 각 지역으로 흩어져 노동자로 생활하였다. 참고로 부산 이외에 도일渡日의 거점이 된 곳은 제주도이다. 1923년 제주도와 오사카大阪를 잇는 항로가 개설되고 기선이 오가면서 많은 제주도 출신자가 일본으로 이동하였다.

그런데 이와 같은 구조 속에서 이루어진 자발적 또는 유도된 이동은 1930년대 중반 이후 강제적 이동으로 대체된다. 1937년 중일전쟁 발발 이후 일본인 남성 노동자의 징집과 군수 물자 증산으로 인해 노동력 부

하도록 한다(한국어로 번역된 경우, 번역서를 표시). 도노무라 마사루, 신유원 역, 『재일조선인 사회의 역사학적 연구』, 논형, 2010; 미즈노 나오키·문경수, 한승동 역, 『재일조선인—역사, 그 너머의 역사』, 삼천리, 2016; 성공회대 동아시아연구소, 『주권의 야만—밀항, 수용소, 재일조선인』, 한울아카데미, 2017; 李洪章, 『在日朝鮮人という民族經驗—個人に立脚した共同性の再考へ』, 生活書院, 2016; 小熊英二他, 『在日二世の記憶』, 集英社, 2016

족이 심각해진 일본은 1938년 5월 국가총동원법을 한반도에서부터 실시하면서 한인 노동자를 동원하게 된다. 일본에 의한 노무동원은 아시아태평양전쟁의 시작, 전세 확대에 따라 정도의 차이는 있지만 기본적으로 계속해서 국가권력이 개입하고 강제력을 발동하였으며 정당한 대가없이 수탈 속에 이루어졌다. 노무 동원된 한인은 이전 시기와 마찬가지로 대부분의 경우 부관연락선을 타고 현해탄을 건넜는데, 아시아태평양전쟁이 본격화되고 노무 동원의 수가 늘어남에 따라 운항되는 부관연락선의 규모 또한 커졌다. 이렇게 일본에 도착한 한인은 이후 철도를 통해 탄광, 각종 건설 현장, 군수 공장 등에 배치되었는데 그 중에서도 탄광이 차지하는 비중이 압도적이었으며 그 결과 자연스럽게도 일본의 최대 석탄 산지인 규슈九州 지역으로의 노무 동원이 가장 많았고 그 뒤를 홋카이도北海道가 잇는다. 그리고 이와 같이 20세기 전반기 진행된 한반도로부터 일본으로의 인구 이동의 결과 1945년 시점에서 약 220만명의 재일한인이 탄생하게 된다.

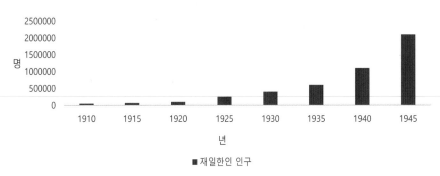

〈그림 1〉 20세기 전반 재일한인 인구 추이

2) 현대적 이주

1945년 일본 제국의 패망은 많은 '귀환' 이주의 흐름을 만들어냈다.[10] '귀환' 이주란 말 그대로 고국 또는 고향으로 돌아가는 이주를 말하는데 앞 절에서 언급한 전통적 이주 흐름을 중심으로 살펴보면 재일한인과 재조일본인의 귀환이 두드러졌다. 귀환하고자 하는 이유는 서로 달랐지만 두 집단 모두 하루 빨리 고국으로 돌아가고자 하였기 때문에 도항渡航이 가능한 몇몇 항구의 혼란은 극심했다. 그 중에서도 특히 귀환 희망자가 많이 모여든 곳은 현해탄을 사이에 두고 마주보는 부산과 후쿠오카福岡였다. 그리고 이들 귀환자 수송에는 20세기 전반에 걸쳐 재일한인과 재조일본인을 탄생시킨 부관연락선이 투입되었다.[11] 다만 기존의 부산-시모노세키 항로는 시모노세키항이 전쟁 중 사용 불가한 상태가 되었기 때문에 부산-하카타博多, 부산-센자키仙崎 항로로 대체되었다. 이처럼 동북아 해역에 있어서 현대적 이주 현상은 전통적 이주 현상과 연속성 및 단절성을 동시에 보이며 시작된 것이다.

우선 재일한인의 귀환을 자세히 살펴보겠다. 앞 절에서 이미 언급하였듯이 1945년 8월 15일 패전과 함께 일본에 남겨진 한인은 약 220만 명이었고 그 중 반 이상은 1930년대 후반 이후 강제적으로 일본에 이동한 사람들이었다. 쉽게 상상할 수 있겠지만 이들의 일본에서의 생활은

---

10 일본 제국의 붕괴로 인하여 발생한 '귀환' 등의 이주 흐름 전반에 관해서는 다음 연구들을 참고할 수 있다. 이들 연구는 한반도로부터의 귀환을 제국 전체 각 지역으로 부터의 귀환 흐름 중 하나로 병렬하여 고찰한다. 今泉裕美子, 『日本帝国崩壊期『引揚げ』の比較研究―国際関係と地域と視点から』, 日本経済評論社, 2016; 増田弘, 『大日本帝国の崩壊と引揚・復員』, 慶応義塾大学出版会, 2012.

11 부관연락선과 귀환 문제를 관련 지은 연구로 다음을 참고할 수 있다. 최영호, 「일본의 패전과 부관연락선―부관항로의 귀환자들」, 『한일민족문제연구』 11, 한일민족문제학회, 2006, 243~287면.

고되고 차별에 얼룩진 것이었을 것이며 재일한인 중에서도 가장 먼저 고국에 돌아가고 싶어 하는 사람들도 바로 이들이었다. 물론 일본 정부의 입장에서도 노무 동원 한인을 끌어안고 있는 것은 정치적, 외교적, 사회적 부담이 컸기 때문에 이들을 신속하게 귀환시키고자 했다. 일본 정부는 노무 동원이 일어나기 이전 일본에 건너와 생활 기반을 닦고 정착한 재일한인은 귀국을 '대기'하도록 하고 노무 동원 한인을 우선적으로 부관연락선에 태워 귀국시켰다. 하지만 당연히 '대기자' 중에도 당장 고국에 돌아가고 싶어 하는 사람들이 있었기 때문에 하카타항, 센자키항 주변은 부관연락선의 승선을 위해 몰려든 사람들로 아수라장이 되었다. 한편 공식적인 루트를 통한 귀환이 이루어지기 이전부터 이미 소형 선박을 이용하여 현해탄을 건너고자 하는 한인들도 많았는데 이들은 종종 어뢰, 풍랑 등의 피해를 입었다.[12] 결과적으로 약 2년 동안 재일한인의 귀환은 급속도로 진행되어 약 60만 명의 재일한인만이 남고 나머지는 모두 고국으로 돌아가게 된다.

그렇다면 재조일본인의 귀환은 어떠했을까. 하루아침에 패전 국민이 된 재조일본인에게 일본으로의 귀환은 아주 특수한 경우를 제외하고는 선택의 여지가 없는 것이었고 동시에 여러 가지 의미에서의 안전을 확보할 수 있는 방법이었다. 1945년 패전 당시 80만 명이 조금 넘는

---

12 재일한인의 귀환에 관한 연구는 아직까지 양적, 질적으로 충분하게 이루어진 상태라고는 할 수 없다. 추측컨대 사료의 한계가 큰 원인일 것이다. 단편적으로 나마 진행되어 온 연구를 소개하면 다음과 같다. 오은정, 「『완전 왜년이지, 왜년으로 살았제』: 히로시마 재일조선인 1.5세·2세의 귀환 서사와 해방공간」, 『한국문화인류학』 51-2, 한국문화인류학회, 2018, 169~219면; 이연식, 「해방직후 조선인 귀환연구에 대한 회고와 전망」, 『한일민족문제연구』 6, 한일민족문제학회, 2004, 123~157면; 최영호, 「한인 귀환자의 눈에 비친 해방직후 부산의 이미지」, 『한일민족문제연구』 20, 한일민족문제학회, 2011, 101~127면

정도의 재조일본인이 한반도에 있었을 것으로 추측되는데 이들 대부분은 신속하게 1946년 말까지 귀환을 완료한다. 재조일본인의 귀환은 부산을 중심으로 이루어졌다.[13] 군산, 인천 등을 통한 귀환도 있었지만 부산과 비교하면 거의 없는 것과 마찬가지라고 할 수 있을 만큼의 낮은 비율이었다. 재일한인과 마찬가지로 재조일본인 또한 패전 직후부터 소형 선박 등을 이용하여 자체적으로 귀환하려는 움직임이 있었다. 하지만 대규모 귀환은 부관연락선이 투입되면서 가능해졌다. 재일한인을 한반도로 데려온 부관연락선이 귀로歸路에는 재조일본인을 싣고 돌아가는 형태였다. 한편 재조일본인에 의한 귀환 흐름의 특징 중 하나는 중국, 구체적으로는 만주에 거류하던 일본인 민간인과 일본군인 중 일부도 함께 부산을 통해 돌아갔다는 것이며 위에서 언급한 하카타항, 센자키항과 마찬가지로 부산항의 혼란도 극심했다.

이처럼 일본 제국의 붕괴는 동북아지역에 있어서 국민국가의 재편성과 그 각각의 경계 내부로의 인구 재배치를 위한 이동으로 이어진 것인데 화교 중 일부도 그러한 흐름 속에 있었다. 다만 일본의 패전 직후부터 제2차 국공내전이 심해지면서 대부분의 화교는 한반도와 일본에 머무르는 것을 선택했고 귀환한 자는 극소수였다. 그리고 제2차 국공내전에서 시작하여 한국전쟁으로 이어지는 과정에서 냉전은 고착화되었고

---

13 부산항을 통한 재조일본인의 귀환 과정, 관련 지원 활동 등에 관해서는 다음 연구를 참고할 수 있겠다. 최영호, 「해방직후 부산항을 통한 일본인의 귀환」, 『항도부산』 24, 부산광역시 시사편찬위원회, 2008, 91~129면. 그밖에 군산과 함흥지역에 초점을 맞춘 다음의 연구들도 있다. 변은진, 「8 · 15 직후 함흥지역 일본인 귀환단체의 조직과 활동」, 『일본공간』 25, 국민대 일본연구소, 105~144면; 최영호, 「군산거주 일본인의 귀환과정에 나타난 지역적 특징-세화회의 조직과 활동을 중심으로」, 『한일민족문제연구』 26, 한일민족문제학회, 2014, 5~41면.

일본의 전후 처리 문제가 지지부진한 가운데 동북아 해역을 통한 이동 또한 엄격하게 통제되어 극히 제한적으로만 이루어졌다.[14] 그런데 이 시기 예외적으로 대규모의 이주 현상이 나타나기도 했는데 바로 재일한인의 북한으로의 '귀국'이다. '귀국'은 1959년 일본과 북한 양국 적십자사가 체결한 '재일조선인의 귀환에 관한 협정(캘커타 협정)'을 통해 이루어졌고 같은 해 12월 일본 니가타新潟항에서 975명의 재일한인이 '귀국선'을 타고 청진으로 떠나면서 시작되었다. 이들의 이동은 일본과 북한 정부의 의중이 맞아 이루어진 것으로 일본은 정치적, 경제적, 사회적 부담인 재일한인 인구를 줄이고 싶었고 북한은 이들을 데려옴으로써 체제 선전 효과를 누리고자 했다. 그 결과 이 귀국 사업은 적극적으로 진행되어 약 10만 명의 재일한인이 북한으로 이주했다.[15]

---

14 해방 직후 한국과 일본 화교의 이동, 자리매김, 생활 등에 관한 연구는 많이 축적된 상태는 아니며 앞으로 추가적인 고찰이 반드시 필요한 주제이다. 이와 관련된 기존 연구를 몇 몇 소개하면 다음과 같다. 박영실, 「해방 후 조선 화교들의 북한 사회 정착 과정」, 『한국학』 42-3, 한국학중앙연구원, 263~296면; 왕은미, 「미군정기의 한국화교사회: 미군정·중화민국정부·한국인과의 관계를 중심으로」, 『현대중국연구』 7-1, 현대중국학회, 2005, 87~132면; 조세현, 「해방 후 부산의 청관거리와 화교들」, 『동북아문화연구』 34, 동북아시아문화학회, 2013, 489~506면; 王恩美, 『東アジア現代史のなかの韓国華僑−冷戦体制と「祖国」意識』, 三元社, 2008; 陳來幸, 「神戸の戦後華僑史再構築に向けて−GHQ資料·プランゲ文庫·陳德勝コレクション·中央研究院档案館文書の利用」, 『海港都市研究』 5, 神戸大学大学院人文科学研究科海港都市研究センター, 2010, 65~73면; 何義麟, 「戦後日本における台湾人華僑の苦悩−国籍問題とそのアイデンティティの変容を中心」, 『大原社会問題研究所雑誌』 679, 法政大学大原社会問題研究所, 2015, 21~34면.

15 재일한인의 귀국문제에 관해서는 다음의 대표적인 연구들을 참고할 수 있겠다. 남근우, 「북한 귀국사업의 재조명−『원조경제』에서 『인질(볼모)경제』로의 전환」, 『한국정치학회보』 44-4, 한국정치학회, 2010, 137~158면; 박정진, 「재일조선인 『북송문제』와 일본인의 『귀국협력』−『일조우호운동』의 연속이라는 관점에서」, 『사회와역사』 91, 한국사회학회, 2011, 31~60면; 테사 모리 스즈키, 박정진 역, 『봉인된 디아스포라』, 제이앤씨, 2011; 小此木政夫·東北アジア問題研究所, 『在日朝鮮人はなぜ帰国したのか−在日と北朝鮮50年』, 現代人文社, 2004; 菊池嘉晃, 『北朝鮮帰国事業−「壮大な拉致」か「追放」か』, 中央公論新社, 2009.

그리고 1965년 한일국교정상화를 시작으로 1970년대 들어서 중일 관계가 회복됨에도 불구하고 동북아 해역을 이동할 수 있는 사람들은 여전히 매우 제한적인 상태가 계속되었다. 관료, 사업가, (국비)유학생이 거의 대부분이었다고 해도 과언이 아닐 것이다. 흥미로운 사실은 '공식적인' 이동이 제한될수록 '비공식적인' 이동은 활발해졌다는 점으로 특히 해역은 밀항이라는 형태를 통해 '비공식적' 이동의 중심에 있었다. 이후 1990년대 들어 전 세계적으로 글로벌화가 가속화되고 1992년에는 한중수교가 이루어짐에 따라 동북아 해역을 넘나드는 인구 이동의 흐름은 양적, 질적으로 크게 확대한다. 물론 이전 시기와 비교했을 때 항공을 통한 이동의 비중이 확연하게 높아졌기 때문에 해역 자체를 이동하는 일은 적어졌지만 특정 영역에 있어서는 해역은 여전히 중요한 이동의 공간이다. 예를 들어 이른바 보따리상은 상품과 더불어 해역을 이동하며 복수의 국가, 사회에 걸쳐 사는 전형적인 초국가적 이민의 모습을 보인다. 이들의 삶과 해역은 떼려야 뗄 수 없는 관계에 있는 것이다. 이처럼 여전히 동북아 해역은 이동 중이다.

3. 이주 연구의 방법, 동북아 해역

이 절에서는 동북아 해역 연구, 나아가 해역 연구가 기존의 이주 연구에 시사하는 이론적 함의를 거시적macro, 중시적meso, 미시적micro 차원에서 고찰하도록 한다. 이렇게 세 가지 차원을 동시에 살펴보는 것은 이들이 상호 연관되어 있고 상호 침투하며 영향을 주고받기 때문이며 이를 통해 분석 대상의 종합적, 입체적 이해가 가능하기 때문이다. 구체적으로 거시적 차원에서는 디아스포라diaspora 연구, 중시적 차원에서는 지역을 중심으로 한 이주 연구, 미시적 차원에서는 개인의 이주 경험에 대한 연구를 살펴보겠다.

1) 디아스포라 연구 다시보기

디아스포라는 결코 새로운 개념은 아니다. 과거에는 유대인, 그리스인, 아르메니아인 등으로 대표되는 이산, 국외 추방의 역사를 이야기하는 문맥에서 이 개념이 사용되었다.[16] 그러나 초국가적인 인구 이동과 이에 따른 의식과 문화의 변화가 활발해지면서 최근 보다 일반적인 의미로 사용되기 시작하였으며 그 결과 새롭게 디아스포라로 '탄생'한 집단도 많다.[17] 이처럼 초국가주의의 대두를 배경으로 주목받기 시작한 디아스포라는 문화 연구cultural studies를 중심으로 국민국가로부터 '해방'된 존재, 국민국가를 '넘는' 존재로 그려지는 경우가 많다.[18] 이러한 경향은 이주한 수용국(정착국) 사회를 살아가면서도 언제나 모국을 지향하는 디아스포라 의식이나 문화가 근대 이후 가장 자연스럽고 불변의 것이라 여겨져 온 국민국가라는 단위를 의문시, 상대화하는 측면에 주목

---

16 로빈 코헨, 유영민 역, 『글로벌 디아스포라─경계를 넘나드는 사람들의 역사와 문화』, 민속원, 2017; Safran, William, "Diasporas in Modern Societies : Myths of Homeland and Return", *Diaspora* 1, University of Toronto Press, 1991, pp.83~99; Tölölyan, Khachig, "Rethinking Diaspora(s) : Stateless Power in the Transnational Moment", *Diaspora* 5, University of Toronto Press, 1996, pp.3~36.

17 이러한 현상에 대한 비판적 고찰로 다음 연구를 참고할 수 있다. Brubaker, Rogers, "The 'Diaspora' Diaspora", *Ethnic and Racial Studies* 28-1, Routledge, 2005, pp.1~19.

18 Clifford, James, "Diasporas", *Cultural Anthropology* 9-3, The American Anthropological Association, 1994, pp.302~338; Hall, Stuart, "Cultural Identity and Diaspora", *Identity : Community, Culture, Difference* (Jonathan Rutherford ed.), Lawrence&Wishart, 1990.

한 결과이다. 그러나 디아스포라는 본디 모국의 상실, 이산, 그리고 이를 회복하고자 하는 지향성 및 과정과 밀접하게 관련된 개념으로 국민국가의 역사, 내셔널리즘과 분리해서 생각할 수 없는 개념이다.[19]

디아스포라와 국민국가의 역사, 그리고 내셔널리즘을 연관시켜 생각해 보면 가장 큰 특징은 모국의 '결핍'이라는 경험의 존재이다. 디아스포라는 "근대 이후 세계에서 어떠한 역사적, 집단적, 정치적 부하負荷를 동반하는 민족적 월경·이산 현상"[20]이라고 할 수 있는데 여기서 말하는 '역사적, 집단적, 정치적 부하'가 무엇을 의미하는지 생각하는데 있어서 "디아스포라 정의에 새겨진 유대인이라는 각인"은 중요할 것이다. 이러한 지적은 디아스포라라는 개념이 오늘날 보다 넓은 의미에서 사용되고 있음에도 불구하고 유대인이 경험한 '역사적, 집단적 정치적 부하'인 모국의 물리적 상실을 염두에 둔 분석이 필요함을 말해준다. 다만 오늘날 디아스포라라는 개념이 보다 널리 사용되고 있는 상황을 고려한다면 모국의 물리적 상실이라는 특징을 엄격하게 적용하는 것은 현실적이지 않다. 그렇지만 디아스포라를 일반적인 초국가적 이민과 적극적으로 구분하지 않는다면 개념의 외연이 넓어져 내포하는 바가 불분명해질 것이다. 이에 이 글에서는 모국의 물리적 상실뿐만 아니라 모국의 구성원, 영토, 주권 등이 무언가의 이유로 인해 위태로운 상태에 처해 온전하지 못한 상황, 바꾸어 말하자면, 모국의 '결핍'을 통해 디아스포라를

---

19 戴エイカ,「ディアスポラ―拡張する用法と研究概念としての可能性」,『批判的ディアスポラ論とマイノリティ』(野口道彦·戴エイカ·島和博編著), 明石書店, 2009.

20 早尾貴紀,「ディアスポラと本来性―近代的時空間の編成と国民/非国民」,『ディアスポラから世界を読む―離散を架橋するために』(臼井陽監修, 赤尾光春·早尾貴紀編著), 明石書店, 2009.

정의하고자 한다.

그리고 이러한 정의를 바탕으로 동북아 해역의 디아스포라 현상으로 시선을 돌려보자. 앞 절에서 구체적으로 살펴보았듯이 근현대 동북아 해역을 이동한 디아스포라는 재외한인, 화교, 일계인日系人(재조일본인)[21] 이 대표적인데, 이들 세 집단에 주목하는 것은 모국의 '결핍' 정도에 따른 디아스포라의 역사, 송출국(모국) 및 수용국(정착국)과의 관계, 정체성 등의 차이를 이해할 수 있다는 의미를 지닌다. 바꾸어 말하자면 재외한인, 화교, 일계인은 각각 다른 정도의 모국의 '결핍'을 경험했으며 이러한 동북아 해역 디아스포라가 보여주는 모국의 '결핍'의 점차적인 정도 차이는 일률적으로 모국의 '결핍'을 이해해온 기존 연구를 보다 풍요롭게 보완한다. 우선 한반도에서 일본, 중국, 러시아 등으로 이동한 재외한인은 모국의 '결핍'이라는 디아스포라의 특징을 세 집단 중 가장 명확하게 보여준다. 한인은 수용적인 개항에서 시작하여 일본 제국의 식민 지배를 경험하고 해방 이후에는 냉전 구도 속에서 분단 상황에 처하는 등 오랜 기간 모국의 구성원, 영토, 주권이 위태로운 상태 속에 있었다. 그리고 이와 같은 근현대사를 배경으로 한인의 해역을 가로지르는 이주, 귀환이 이루어졌으며 그 과정에서 재외한인이 탄생하였고 이들은 기본적으로 모국을 회복하고자 하는 지향성이 강했다.

그렇다면 화교와 일계인의 경우는 어떠할까. 이들이 경험한 모국의 '결핍'은 재외한인의 그것과는 전혀 다르다. 화교는 20세기 이후 중국이 반식민지화되면서 일종의 모국의 '결핍' 상태에 있었다고도 할 수 있

---

21 일계인은 일본 계통의 사람이라는 뜻으로 일본에서 해외로 이주한 사람과 그 자손을 칭한다. 재조일본인 또한 일계인 중 하나이며 귀환한 디아스포라이기도 하다.

지만 모국이 완전히 식민지화되었던 재외한인과 비교했을 때 그 정도는 확연히 다르다. 특히 화교의 경우 반식민지화 이전부터 이미 자생적으로 구축되어 있던 상인 중심의 네트워크가 있었다는 점이 특징적이며, 이러한 네트워크는 화교가 열강의 세력권하에서도 비교적 자율적으로 움직이고 활동할 수 있도록 해주었다. 한편 일계인의 경우, 언뜻 모국의 '결핍'을 경험하지 않은 듯 보인다. 이는 일계인의 이동이 (불완전한 측면이 있다고는 하지만) 메이지유신明治維新을 통해 형식적인 근대 국민국가가 완성된 이후에 일어났으며, 특히 동북아 해역 내에서는 식민자로서 이동하였기 때문이다. 그러나 정도는 매우 약하지만 일계인 또한 모국의 '결핍'을 경험했는데 바로 1945년 8월의 패전에 의해서이다. 패전으로 인해 일본은 식민지를 잃고 연합국의 점령하에 놓이게 되었으며 사회 전반에 걸쳐 심각하게 황폐해졌는데 이러한 모국의 '축소' 속에서 일계인은 귀환과 잔류를 경험하게 되었다. 만주나 한반도 등지에 남겨진 일본인, 그 중에서도 여성과 아동의 존재는 일계인 또한 약한 정도이기는 하지만 일종의 모국의 '결핍'을 경험했음을 말해준다.

이처럼 동북아 해역을 중심으로 디아스포라 현상을 고찰한다는 것은 디아스포라가 일반적인 초국가적 이민과 비교해서 지니는 가장 중요한 특징인 모국의 '결핍'을 다양한 측면에서 입체적으로 고찰할 수 있게 해주며 이는 기존의 디아스포라 연구를 한 단계 더 발전시킬 수 있는 가능성을 의미한다.

2) 지역을 중심으로 한 이주 연구 다시보기

1990년대 이후 송출국과 수용국, 모국과 정착국을 동시에 살아가는 초국가적 이민의 삶이 주목받기 시작하면서 이러한 국민국가를 분석 단위로 하는 이주 연구의 설득력은 크게 떨어졌다. 특히 국민국가의 출입국관리 및 사회통합 정책에서 일탈한 이민의 삶이 지니는 다양성을 이해하기 위해서는 국민국가가 아닌 새로운 틀이 반드시 필요하다는 목소리가 높아졌다. 그리고 이러한 목소리에 답하여 주목받기 시작한 것이 지역이다. 지역은 단순히 국민국가의 한 부분이 아니라 독자적인 역사와 문화를 가지고 국민국가를 넘어서 초국가적인 네트워크를 발신할 수 있는 공간이다. 한편 지역은 이민의 일상에 큰 영향을 주는 공간이기도 하다. 이민과 원주민의 만남은 지역에서 이루어지며 그러한 상호관계 속에서 이민의 의, 식, 주가 구현된다.[22]

다만 기존에 지역에 초점을 맞춰 이루어진 이주 연구의 대부분은 특정 지역, 그중에서도 해당 이민 집단의 집주지역에 국한되어 있다는 한계를 지닌다. 물론 이민의 인구가 많은 집주지역을 중심으로 그만큼 많은 연구가 이루어지는 것은 자연스러운 현상이다. 집주지역의 경우, 이민의 삶의 양상이 응축되어 나타나고 원주민을 포함, 지역사회와의 교류도 많기 때문이다. 예를 들어 재일한인의 경우를 살펴보자. 지역을 중심으로 한 재일한인 연구에서는 가와사키川崎와 오사카에 초점을 맞춘 사례가 눈에 띈다. 이 두 지역은 재일한인의 집주지역이자 지방정부의 선진적인 사회통합 정책이 두드러지는 곳으로, 관련하여 재일한인 커

---

22 이러한 시각에서 이루어진 연구들을 모은 국내의 성과물로 다음을 참고할 수 있겠다. 부산대 한국민족문화연구소, 『이주와 로컬리티의 재구성』, 소명출판, 2013.

뮤니티의 경제 및 사회문화 활동을 분석하거나 이들의 지방정치 참가를 위한 지방정부의 독자적인 제도 운용을 고찰한 연구가 다수 이루어져 왔다.[23] 그러나 이렇게 일부 지역에 편중하는 경향은 지역이라는 분석 틀에 주목하는 이주 연구가 당초 지향하던 바와 괴리된다. 이주 연구에서 지역이 등장한 이유는 이민의 삶의 다양성을 엿보기 위함인데 특정 지역에만 주목한다면 이러한 의의는 크게 퇴색되어 버리는 것이다.

이와 같은 기존 연구의 한계를 극복하기 위해서는 보다 다양한 지역에 주목하여 이민의 삶을 이해하려는 노력이 필요하다. 그리고 동북아 해역 연구는 바로 이 새로운 고찰 대상이 될 수 있는 지역을 찾아내는 데 유효하다. 해역은 근현대 동북아지역의 역사를 돌이켜 봤을 때 이민의 이동이 시작되고 끝나는 지점으로서 기능해왔다. 그 결과 해역은 이주의 초기 단계 또는 귀환 과정에 있어서 이민의 삶에 지대한 영향을 미쳤다. 예를 들어 앞에서 언급한 재일한인의 경우, 기존에는 크게 주목받지 못했지만 후쿠오카라는 해역 도시가 이들의 역사를 입체적으로 이해하는데 있어서 중요하다. 후쿠오카는 근현대시기에 걸쳐 한반도와 일본을 잇던 항로의 출발·도착지이다 경유지였던 시모노세키항과 인접하여 특히 한반도에서 일본으로의 이주 초기 단계에 있어서 한인의 유입이 두드러졌던 곳이다. 이후 일제강점기를 거치며 가와사키나 오사카와 비교해서 작은 규모이기는 하지만 일본 전국으로 봤을 때는 재일한인이 다수 거주하는 지역 중 하나였다. 그리고 앞 절에서 이미 언급하였지만 일본이 아시아태평양전쟁에서 패한 후, 한반도로의 귀환을 바라는

---

23 최민경, 「재일한인연구의 동향과 과제—해역연구의 관점에서」, 『인문과학연구논총』 40-2, 명지대 인문과학연구소, 2019, 231~233면.

많은 한인이 배를 타기위해 후쿠오카 인근 항구로 몰려들었는데, 이 패전 직후 시점에 있어서 귀환과 체류가 착종하는 가운데 후쿠오카는 독자적인 재일한인 커뮤니티를 이루게 된다.[24]

재일한인뿐만이 아니다. 동북아지역에 있어서의 일본인의 이주 현상을 이해하는데 있어서도 해역을 통해 새로운 지역에 접근할 수 있다. 예를 들어 근대 시기 한반도로 건너온 일본인, 즉, 재조일본인의 경우 기존에는 부산을 중심으로 연구가 이루어졌다.[25] 이는 지리적, 역사적 요인을 생각하면 당연한 것일 수도 있으며 실제 부관연락선의 존재로 인해 '식민자' 일본인의 유입은 부산 중심으로 이루어졌다. 하지만 부산 이외에도 청진과 같은 도시는 도시 개발 자체가 일본에 의해 이루어졌고 대륙 진출의 거점으로서 일제강점기 가장 급격하게 성장하였으며 그 결과 재조일본인 인구도 크게 증가하였기 때문에 충분히 검토할 가치가 있는 지역이다.

한편 재조일본인 연구와는 달리 한반도에 있어서의 화교 연구의 경우 부산은 미개척 지역이 된다. 지역을 중심으로 한 화교 연구의 대부분은 인천에 초점을 맞춰 이루어져 왔다. 하지만 근대 시기 화교가 내지통상에 많은 힘을 쏟았고 현대에 들어서는 한국전쟁 등을 거치면서 여러 지역에 흩어진 것은 잘 알려져 있으며 이러한 측면을 고려한다면 보다 다양한 지역을 중심으로 이들의 역사와 삶을 살펴볼 필요가 있다. 근대

---

24 이와 관련하여 다음 연구들이 기초적인 실마리를 제공한다. 최민경·양민호, 「규슈지역 재일한인 커뮤니티의 형성과 전개」, 『동북아문화연구』 60, 동북아시아문화학회, 2019, 31~46면; 坂本悠一, 「福岡県における朝鮮人移民社会の成立－戦間期の北九州工業地帯を中心として」, 『青丘学術論集』 13, 韓国文化研究振興財団, 1998, 133~250면.

25 대표적인 연구로 다음을 참고할 수 있다. 홍순권 외, 『부산의 도시형성과 일본인들』, 선인, 2008; 김승, 『근대 부산의 일본인 사회와 문화변용』, 선인, 2014.

시기 부산은 상하이上海와 블라디보스토크를 연결하는 항로가 지남으로써 화교 무역상의 진출이 적극적으로 시도되었으나 청일전쟁, 한일병합 등을 거치면서 일본의 세력이 점차 커지는 가운데 인구가 줄면서 쇠퇴한다. 한편 해방 이후 한국전쟁을 거치며 인구가 증가하고 무역항으로 부산이 발전하는 과정에서 화교 커뮤니티 또한 다시 한번 번성하였다는 독특한 역사를 지닌다. 여기에 부산이라는 해역도시의 지역성을 고려한 화교 연구의 필요성이 존재한다고 할 수 있겠다.

이처럼 동북아 해역 연구를 통한 해역 도시의 이해를 바탕으로 지역을 중심으로 한 이주 연구를 다시 봄으로써 새로운 분석 대상이 되는 지역을 발굴할 수 있을 뿐 아니라 이를 통해 이론적인 함의도 찾아낼 수 있을 것이며 이주 연구에 구체성, 실천성을 더 할 수 있다고 보인다.

3) 개인의 이주 경험에 대한 연구 다시보기

기존의 이주 연구의 특징이자 한계점 중에 하나는 이민의 삶을 고찰하는데 있어서 이동이 완료된 후의 '정주' 국면에만 주목한다는 것이다. 예를 들어 재일한인과 같은 경우, 한반도로부터 이동하여 일본에 도착한 이후의 삶이 주요 연구 대상이 된다. 그러나 이러한 경우 이민을 이해하는데 있어서 필수 불가결한 이동성mobility이라는 부분을 놓치게 된다. 이동은 정주를 향한 과정이기도 하지만 그 자체로서도 다양한 의미를 지닌다. 특히 개인의 입장에서 보면 이동, 그 중에서도 국경을 넘는 이동은 모든 국면에서 정체성과 연관되는 경험이라고 할 수 있다. 한 마디로 정체성이라고 해도 여러 측면이 있다. 성 정체성, 계층적 정체성, 민족적 정체성, 문화적 정체성 등을 들 수 있겠는데 이동은 이러한 다양한 측면을 지닌 정체성에 복합적으로 작용한다. 특히 해역을 통한 이동은 개인의 이주 경험으로서 보다 큰 의미를 지닌다. 오늘날 국경을 넘는 이동이라 하면 대부분이 하늘을 통해 비행기로 움직이는 것을 떠올릴 것이다. 물론 항공을 통한 이동도 개인의 정체성에 영향을 주지 않는 것은 아니지만 해역을 통한 이동은 이동 시간과 수단이라는 측면에서 보았을 때 그 정도가 훨씬 크다. 바다를 통한 이동은 시간이 많이 걸리기 때문에 이동 수단, 즉 선박에서의 경험이 이민의 정체성에 영향을 미칠 수 있다. 그리고 항공보다는 국가의 규제를 피해 이동할 수 있는 가능성, 바꾸어 말하자면 밀항, 밀입국의 가능성이 높다는 측면에서도 극적인 이동의 경험을 제공한다.

그렇다면 구체적으로 해역을 통한 이동은 이민 개인에게 어떠한 이주 경험으로 다가오며 그들의 정체성에 어떠한 영향을 주는 것일까. 이 질문에 대한 답을 모색하는 데 있어서 우선 국가의 출입국 관리시스템의 문제를 생각해 볼 필요가 있다. 근대 국민국가 성립 후, 국경을 넘나드는 인구 이동은 언제나 규제 및 조정의 대상이었다. 국가는 영토 안에 들어올 수 있는 대상을 규정하는 힘을 지니며 특히 이민과 같이 정주를 전제로 유입하는 경우 제약은 훨씬 심하다. 이 출입국관리에는 국적, 민족, 계층 등의 구분 짓기가 수반되며 이 구분 짓기를 통해 이민 스스로도 정체성을 명확하게 인식한다. 예를 들어 1920년대 일본으로 이주하고자 했던 조선인의 대다수는 도항 규제에 의해 좌절하는 경우가 많았는데 이 과정에서 스스로가 조선인이자 노동자임을 각인한다. 한편 출입국관리에는 언제나 '구멍'이 존재하며 국가에 의해 이동을 거부당한 이민은 이 '구멍'을 이용하기도 한다. 이른바 밀입국인데 앞에서 이미 언급한 바와 같이 해역을 통한 이동에 있어서는 밀항이 되겠다. 밀항이라는 과정에서 이민은 대게 이른바 블로커나 부패한 권력과 관계를 맺게 되며 이 또한 이민의 삶과 정체성에 영향을 주는 이주 경험의 하나로서 밀도 있는 고찰이 필요한 부분이다.

그리고 출입국관리를 넘어 해역에서의 이동 과정 중의 심리, 정서적 변화 또한 이민의 삶을 이해하는데 필수 불가결하다. 선박에 의한 이동은 시간이 많이 걸린다. 오늘날 항공편으로 부산에서 후쿠오카까지는 1시간이 채 걸리지 않는다. 하지만 근대 시기 현해탄을 이은 부관연락선의 경우, 8시간 내외의 시간이 소요되었다. 중요한 것은 부관연락선의 승선 시간은 가장 짧은 편에 속한다는 사실이다. 동북아 해역의 다른 항로는 이것보다 훨씬 더 많은 시간에 걸쳐 운항하였고 이민은 그 시간을 선박 안에서 보냈던 것이다. 그리고 이 글에서는 이 선박 안에서의 시간이 이민에게 어떠한 시간이었는지에 주목할 필요가 있음을 지적하고자 한다. 이들이 마냥 즐겁고 가벼운 마음으로 바다를 건너고 있지 않았음은 분명하다. 아마도 착잡함과 기대와 두려움 등 여러 가지 감정이 뒤섞인 채 이동을 하고 있었을 것이다. 밖에 내다보이는 바다의 풍경은 이러한 감정을 증폭시켰을 것이고 중간에 기상 조건이 악화되기라도 하면 이동 중 더욱 많은 감정이 교차했을 것이다. 그리고 이러한 이동 과정 중의 심리, 정서적 상태에 대한 추적은 개인의 이주 경험을 이해하는 또 하나의 방법이 될 것이다. 동북아 해역이라는 범위는 벗어나지만 근대 시기 일본에서 브라질 등 남미 국가로 이민을 간 사람들의 경우, 워낙 이동 시간이 길어서인지 모르겠지만 이동 과정 중 일기를 남기는 사례가 종종 있었다. 그러한 일기에는 고향을 떠나기까지의 심리 상태, 앞으로의 계획이나 마음가짐 등이 세세하게 남아 있으며 충분한 연구 가치가 있는 사료라고 할 수 있다.

이처럼 동북아 해역 연구는 이민이 어떠한 수단과 경로를 통해 송출국(모국)에서 수용국(정착국)으로, 또는 수용국(정착국)에서 송출국(모국)으로 이동하였는지, 그리고 그 이동 과정은 원활하였는지, 만약 그렇지 않다면 그러한 상황을 어떻게 극복하였는지 등 기존의 이주 연구에서는 크게 주목받지 못했던 개인의 이주 경험과 관련된 문제제기를 가능하게 해 준다.

4. '이주의 시대', 다문화적 가치 공간으로서의 해역

21세기는 '이주의 시대$^{Age of Migration}$'이라고 한다. 그만큼 이주가 보편화되었고 우리 삶과 떼려야 뗄 수 없는 사회 현상이 되었다는 뜻일 것이다. 그렇다면 우리는 '이주의 시대'를 어떻게 살아가야 할까. '이주의 시대'의 도래와 더불어 많이 사용되는 말, '다문화'에서 무언가 실마리를 찾을 수 있지 않을까. 보통 '다문화'라고 하면 '그들'에 대하여 생각하게 된다. 바꾸어 말하자면 '우리'와 외모, 언어, 종교, 문화가 다른 '그들'을 이해하려 '시도'한다는 것이다. 물론 '그들'에 대하여 생각하는 것은 중요하다. 하지만 그만큼 중요한 것이 바로 '우리'에 대하여 성찰하는 것이다. 이는 '우리'와 '그들'은 상호 정의적이고 '우리'에 대한 인식은 '그들'에 대한 인식과 불가분의 관계에 있기 때문이다. 그리고 '우리'에 대하여 성찰하는 데 있어서 가장 중요한 것이 '우리' 내부의 '다문화'를 이해하는 것이다. '우리' 내부의 다양성은 '우리'와 '그들'의 경계를 상대화함으로써 '그들'도 수많은 '다문화' 중의 하나로 인식할 수 있다.

그리고 해역은 이러한 '다문화'가 구현, 실천되는 공간, 즉 다문화적 가치 공간으로 기능한다. 오랫동안, 그리고 막연히 육지가 일상, 안전, 질서, 정주 등의 긍정적 이미지로 인식되었다면 바다에는 이변, 위험, 혼돈, 유랑 등의 부정적 이미지가 꼬리표처럼 따라붙었다. 서론에서도 언급한 근대 이후 우리의 사고를 지배했던 육지 중심의 시각도 여기에 일조했을 것이다. 하지만 기존의 사고에서 조금 '일탈'하여 생각하면 바다, 나아가 해역은 구속이 적고 자유로운 공간이며 유동성, 역동성이 높다는 특성을 지닌다. 그리고 이러한 특성상 해역은 개방화, 유연화되어가는 현대 사회를 살아가는데 있어서 중요한 인문학적 상상력을 제공한다. 특히 해역은 이 글에서 살펴본 것처럼 다양한 형태의 초국가적 네트워크를 포함하며, 이동성이 높으며, 일반적으로 이주의 중심에 있다는 사실은 의심의 여지가 없을 것이다. 그리고 해역을 가로지르는 사람의 이동은 문화와 이동을 수반하고, 바로 여기에 해역을 통한 '다문화'의 이해 가능성이 존재한다. 해역은 '다문화' 현상이 일어나는 곳이면서 이와 동시에 '다문화'를 살아가는 영감을 제공해준다. 비록 이 글에서는 근현대 동북아 해역으로 시공간을 한정해서 살펴보았지만 '이주의 시대'를 살아가는 우리에게 시공간을 확장한 해역 연구는 앞으로의 필수불가결한 과제라고 할 수 있겠다.

참고문헌

강진아, 『동순태호 - 동아시아 화교자본과 근대 조선』, 경북대 출판부, 2011.

고려대 글로벌일본연구원, 『개화기 일제강점기(1876~1945) 재조일본인 정보사전』, 보고사, 2018.

김승, 『근대 부산의 일본인 사회와 문화변용』, 선인, 2014.

부산대 한국민족문화연구소, 『이주와 로컬리티의 재구성』, 소명출판, 2013.

성공회대 동아시아연구소, 『주권의 야만 - 밀항, 수용소, 재일조선인』, 한울아카데미, 2017.

이규수, 『제국과 식민지 사이 - 경계인으로서의 재조일본인』, 어문학사, 2018.

이정희, 『한반도 화교사』, 동아시아, 2018.

이형식, 『제국과 식민지의 주변인 - 재조일본인의 역사적 전개』, 보고사, 2013.

홍순권 외, 『부산의 도시형성과 일본인들』, 선인, 2008.

도노무라 마사루, 신유원 역, 『재일조선인 사회의 역사학적 연구』, 논형, 2010.

로빈 코헨, 유영민 역, 『글로벌 디아스포라 - 경계를 넘나드는 사람들의 역사와 문화』, 민속원, 2017.

모모키 시로, 최연식 역, 『해역아시아사 연구 입문』, 민속원, 2012.

미즈노 나오키 · 문경수, 한승동 역, 『재일조선인 - 역사, 그 너머의 역사』, 삼천리, 2016.

테사 모리 스즈키, 박정진 역, 『봉인된 디아스포라』, 제이앤씨, 2011.

하네다 마사시, 조영헌 · 정순일 역, 『바다에서 본 역사 - 개방, 경합, 공생, 동아시아 700년의 문명 교류사』, 민음사, 2018.

남근우, 「북한 귀국사업의 재조명 - '원조경제'에서 '인질(볼모)경제'로의 전환」, 『한국정치학회보』 44-4, 한국정치학회, 2010.

박영실, 「해방 후 조선 화교들의 북한 사회 정착 과정」, 『한국학』 42-3, 한국학중앙연구원, 2019.

박정진, 「재일조선인 '북송문제'와 일본인의 '귀국협력' - '일조우호운동'의 연속이라는 관점에서」, 『사회와역사』 91, 한국사회학학회, 2011.

변은진, 「8 · 15 직후 함흥지역 일본인 귀환단체의 조직과 활동」, 『일본공간』 25, 국민대 일본연구소, 2019.

오은정, 「"완전 왜년이지, 왜년으로 살았제" - 히로시마 재일조선인 1.5세 · 2세의 귀환 서사와 해방공간」, 『한국문화인류학』 51-2, 한국문화인류학회, 2018.

왕은미, 「미군정기의 한국화교사회 - 미군정 · 중화민국정부 · 한국인과의 관계를 중심으로」, 『현대중국연구』 7-1, 현대중국학회, 2005.

이연식, 「해방직후 조선인 귀환연구에 대한 회고와 전망」, 『한일민족문제연구』 6, 한일민족문제학회, 2004.

이형식, 「재조일본인 연구의 현황과 과제」, 『일본학』 37, 동국대 일본학연구소, 2013.

이혜경, 「이민과 이민정책의 개념」, 한국이민재단 편, 『이민정책론』, 박영사, 2016.

조세현, 「해방 후 부산의 청관거리와 화교들」, 『동북아문화연구』 34, 동북아시아문화학회, 2013.

최민경, 「재일한인연구의 동향과 과제-해역연구의 관점에서」, 『인문과학연구논총』 40-2, 명지대 인문과학연구소, 2019.

최민경 · 양민호, 「규슈지역 재일한인 커뮤니티의 형성과 전개」, 『동북아문화연구』 60, 동북아시아문화학회, 2019.

최영호, 「일본의 패전과 부관연락선-부관항로의 귀환자들」, 『한일민족문제연구』 11, 한일민족문제학회, 2006.

_____, 「해방직후 부산항을 통한 일본인의 귀환」, 『항도부산』 24, 부산광역시 시사편찬위원회, 2008.

_____, 「한인 귀환자의 눈에 비친 해방직후 부산의 이미지」, 『한일민족문제연구』 20, 한일민족문제학회, 2011.

_____, 「군산거주 일본인의 귀환과정에 나타난 지역적 특징-세화회의 조직과 활동을 중심으로」, 『한일민족문제연구』 26, 한일민족문제학회, 2014.

家島彦一, 『海域から見た歴史』, 名古屋大学出版会, 2006.

古田和子, 『上海ネットワークと近代東アジア』, 東京大学出版会, 2000.

菊池嘉晃, 『北朝鮮帰国事業:「壮大な拉致」か「追放」か』, 中央公論新社, 2009.

今泉裕美子, 『日本帝国崩壊期「引揚げ」の比較研究: 国際関係と地域と視点から』, 日本経済評論社, 2016.

李東勲, 『在朝日本人社會の形成: 植民地空間の變容と意識構造』, 明石書店, 2019.

李洪章, 『在日朝鮮人という民族經驗: 個人に立脚した共同性の再考へ』, 生活書院, 2016.

木村健二, 『在朝日本人の社会史』, 未來社, 1989.

石川亮太, 『近代アジア市場と朝鮮-開港・華商・帝国』, 名古屋大学出版会, 2017.

小熊英二他, 『在日二世の記憶』, 集英社, 2016.

小此木政夫 · 東北アジア問題研究所, 『在日朝鮮人はなぜ帰国したのか: 在日と北朝鮮50年』, 現代人文社, 2004.

王恩美, 『東アジア現代史のなかの韓国華僑: 冷戦体制と「祖国」意識』, 三元社, 2008.

増田弘, 『大日本帝国の崩壊と引揚・復員』, 慶応義塾大学出版会, 2012.

戴エイカ, 「ディアスポラ-拡張する用法と研究概念としての可能性」, 野口道彦・戴エイ

　　カ・島和博編著,『批判的ディアスポラ論とマイノリティ』,明石書店,2009.

早尾貴紀,「ディアスポラと本来性: 近代的時空間の編成と国民/非国民」,臼井陽監修,赤尾光
　　春・早尾貴紀編著,『ディアスポラから世界を読む−離散を架橋するために』,明石書
　　店,2009.

陳來幸,「神戸の戦後華僑史再構築に向けて−GHQ資料・プランゲ文庫・陳徳勝コレクショ
　　ン・中央研究院档案館文書の利用」,『海港都市研究』5,神戸大学大学院人文科学研
　　究科海港都市研究センター,2010.

坂本悠一,「福岡県における朝鮮人移民社会の成立−戦間期の北九州工業地帯を中心として」,
　　『青丘学術論集』13,韓国文化研究振興財団,1998.

何義麟,「戦後日本における台湾人華僑の苦悩: 国籍問題とそのアイデンティティの変容を中
　　心」,『大原社会問題研究所雑誌』679,法政大学大原社会問題研究所,2015.

Brubaker, Rogers, "The 'Diaspora' Diaspora", *Ethnic and Racial Studies* 28-1, Routledge, 2005.

Clifford, James, "Diasporas", *Cultural Anthropology* 9-3, The American Anthropological
　　Association, 1994.

Hall, Stuart, "Cultural Identity and Diaspora", *Identity : Community, Culture, Difference*(Jonathan
　　Rutherford ed.), Lawrence&Wishart, 1990.

Safran, William, "Diasporas in Modern Societies : Myths of Homeland and Return", *Diaspora* 1,
　　University of Toronto Press, 1991.

Tölölyan, Khachig, "Rethinking Diaspora(s) : Stateless Power in the Transnational Moment",
　　Diaspora 5, University of Toronto Press, 1996.

Wimmer, Andreas · Schiller, Nina Glick , "Methodological Nationalism, the Social Sciences, and
　　the Study of Migration : An Essay in Historical Epistemology", *International Migration
　　Review* 37-3, Center for Migration Studies, 2003.

동북아 해역과 항로

김윤미

1. 머리말

근현대 동북아 해역에 관한 연구는 현재의 우리 삶에 의미 있는 어젠다이다.[1] 동북아 해역을 하나의 지역공동체로 이해하며 교류시스템을 창출해내는 인문학적 접근이기 때문이다.[2] 그리고 근현대를 조망하는 것은 20세기를 고찰하여 21세기를 살아가는 방향을 찾는 과정을 이끌어줄 것이고, 현대의 네트워크가 근대의 네트워크와 강한 연속성을 가

---

1 부경대학교 HK+사업단에서 2017년 10월부터 진행하고 있는 연구 어젠다는 '동북아 해역과 인문네트워크의 역동성 연구'이다. '근현대'라는 시간의 개념, '동북아'라는 지리적 개념, '해역'이라는 공간적 개념, '인문네트워크'라는 방법론을 통해 관계망의 '역동성'을 인문학적 삶의 권역에서 성찰하고 있다. 이때 관계망은 확산, 축소, 충돌, 갈등, 팽창, 재편성, 상호보완 등의 성격을 표출한다.

2 동북아 해역을 공동체로 형상화하는 데는 물론 많은 과제들이 산적해있다. 민족간의 역사적 대립과 갈등, 해양영토화에 따른 국경 관리와 분쟁, 해역의 자원 개발, 여기에 더 큰 문제는 해역 외의 강대국들이 관여하고 헤게모니를 장악하려는 시도를 한다는 것이다. 그럼에도 불구하고 세계는 해역에 기반한 지역공동체를 형성하고 있고, 한국도 가입한 기구가 다수 있다. 세계가 해역 체계의 유효성과 가능성을 충분히 공감하고 있는 것이다.

진다고 전제하기 때문이다. 동북아는 우리가 당면한 가장 최소한의 정치, 경제, 사회 관계망이다. 그 관계망을 설명하고 결속력을 실행할 수 있는 것은 해역체계이다.[3] 해역체계에서 동북아는 한국, 북한, 중국, 대만, 일본, 러시아를 범위에 넣고, 넓게는 몽골과 미국까지 관계한다.

삼면이 바다, 혹은 사면이 바다라고 하는 한국에서는 바다를 통해 삶의 공간을 확장할 수밖에 없다. 기존에 동북아는 육지를 아우르는 개념이었지만, 이제는 해양을 포함한 동북아 해역이 하나의 권역이 된다. 즉 현시점에서 동북아를 교류라는 관점으로 재구상하는 작업이 필요하다. 이미 환동해권, 환황해권, 환동중국해권으로 경제권을 형성하려는 지방정부의 다자간, 다차원적인 국제교류협력이 활발하다. 자매결연도시 등의 형태가 대표적이다. 국가의 큰 계획을 바탕으로 추진되는 경우도 많지만, 더 이상 국가 중심의 연구로는 현재의 사회를 설명할 수 없게 되었다.

2000년 이후 지방자치권이 강화되고 도시발전 전략이 강조되면서 국제 지역 간 연계와 광역네트워크 전략이 다방면으로 모색되고 있다.[4] 초국경 거버넌스로 발전전략을 도모하는 추세에서 세계화와 지역화가 동시에 구현되고 있는 것이다. 지방정부의 다자간 국제교류 협력에 관해 어떤 연구가 사회적 적실성을 높여 현재에 직면한 과제를 해결하는데 도움을 줄 것인가가 중요하게 되었다. 어느 지역파트너와 어떠한 방식

---

3 사회 경제학에서 해역은 엄밀한 규정을 통제 실제하는 권역을 지칭하지만, 인문학에서 해역은 느슨하고 유연한 개념이라는 차이는 분명 존재한다. 그러나 분명한 것은 인문학의 교류는 사회경제적 교류를 기반으로 논의할 수 있다는 것이다.
4 한국에서 해양에 대한 실제적인 관심은 해양수산부 신설이 계기가 되었다. 해양수산부는 1996년 여러 부처에 분산되어 있던 해양 관련 업무를 통합하여 신설되었다가 2008년 폐지되고, 2013년 다시 설치되었다.

으로 협력할 것인가에 대한 질문에 협력지역, 협력분야, 협력방식 등을 탐구하는 동북아 해역의 역동성 연구에서 답을 얻을 수 있을 것이다. 이 연구는 지역연구의 심화와 다변화라는 세계변화와도 궤를 같이 한다.[5]

세계는 지금 국가 중심의 경제권이 아니라 지역 중심의 광역경제권과 문화권을 형성하며 지역 간 협의와 합작을 시도하고 있다. 인간 활동의 공간적 재배치를 통해 새로운 성장 동력을 모색하는 과정에 있다. 이를 위해 이론적 기초와 조건, 발전 동력과 조직체계, 경쟁력을 강화할 수 있는 기재를 찾는 것이 시급하다. 과거의 경험을 통해 공동사업을 찾고, 교류의 방향을 모색하려는 움직임이 활발하다. 교류 경험의 발굴과 당위성을 찾아 공동성장 가능성과 잠재력을 발견해내는 데 근현대 동북아 해역의 네트워크 연구가 전략적으로 필요한 시점이다.

네트워크는 경쟁, 갈등, 교류 속에서 다양한 방식으로 뻗어나가고 있다. 그리고 국가, 지역, 민간에서 구축하는 초국경 네트워크는 해역 속에서 연안지역의 연계, 도시 간 협력사업, 시민사회의 교류 등 자유성과 개방성으로 나아가고 있다. 국가네트워크는 정치, 군사적 안정이 동반되지 못하면 언제든 깨어질 수 있는데 반해 민간, 혹은 시민네트워크의 결속력은 유연하면서 강하게 유지되고 있기에 우리는 현재의 갈등과 공동의 미래를 위해 초국경 네트워크를 주목하게 된다.

근대 동북아는 제국과 전쟁이라는 소용돌이 속에서 해역네트워크가

---

5   역동성은 이미 경제분야에서 발휘되고 있다. 인문학에서 역동성에 대한 고찰을 동반하기 위해서는 교류했던 공동의 기억이 자리매김 되는 것이 필요하다. 공동의 기억은 민간과 시민사회의 저변 확대의 힘이 되어줄 것이다. 그렇다면 결국은 민간교류(民)는 정보(知)를 공유하고 서로 이해하여 일체화되는 정체성의 지점을 찾아야 한다. 그 요소를 역사 (史) 속에서 발견해내고 공감해나가는 시간이 필요하다.

형성되었고, 1945년 8월 15일 이후, 현대라 구분 짓는 시기에는 세계 냉전체제가 존재했다. 국가의 네트워크가 강력했지만 민간, 기업, 지방정부들이 독자적인 활동력을 확보하면서 활동 단위의 주체가 되고 있다. 이러한 변화를 학문적으로 가장 먼저 분석하고 설명한 분야는 지역사와 해양사였다.

해양사는 바다로 시야를 넓혀 바다를 중심으로, 해양의 역사를 탐구하면서 광역의 삶을 보고자했다. 바다 세계의 역사를 보려는 해양사에 뒤이어 바다를 둘러싸고 있는 육지와 교류, 갈등, 상호관계를 대상으로 하는 해역사 연구도 등장했다. 해역사는 지역 간 교류를 최소한의 권역으로 설정하고, 교류의 역사를 통한 다양한 네트워크의 형성을 고찰한다. 여기에 항만, 항로 등의 국가성도 배제하지 않는다. 해역사는 중앙정부 차원, 지방정부 간, 민간차원의 교류와 협력 관계망을 보여줌으로써 과거의 경험과 미래의 방향을 모색할 수 있다.

'해역'이라는 프리즘을 다시 가져와보자. '바다를 통해 이어진 육역 세계 전반'을 해역으로 정의한다면, 인류의 역사에서 해역은 역사 그 자체였다. 바다를 중심에 두면 세계 대부분의 지역이 연결되고, 동북아 해역은 하나의 공간으로 동북아 공동체라는 궁극의 목적을 이뤄나갈 수 있다.[6] 육역에서 변방이었던 지역은 해역에서 다시 보면 중계지라는 중심에 위치한다. '해역'의 개념은 새로운 패러다임을 제시하며 탈영토성, 개방성 등을 표방하여 지구 공동체의 방향을 모색할 수 있다. 공시적, 통시적으로 해역이라는 공간을 연구하기 위해 과거, 현재, 미래로 역사적

---

6 '해양을 통한 세계 일체화'의 역사가 유럽의 '대항해'시대 이후 등장한 것은 이론이 없다. 바다로 연결된 시기 이후 한국사는 세계사이고, 세계사는 한국사가 되었다.

맥락을 구분지어 볼 수 있다. 이것은 공간 인식과 경계 감각을 통한 정체성 구축 과정에 대한 고찰이기도 하다.

첫 번째, 과거는 육역에서 해역 네트워크로 전환하는 시기였고, 조우 · 교류 · 충돌로 대변된다. 해역 네트워크는 육지로 이어지지 못했던 세계 네트워크를 단숨에 엮어냈다. '항해시대'라는 이름이 붙여진 유럽 중심의 해양 진출은 동아시아의 바다를 흔들었고, 한중일도 19세기부터 교섭과 충돌의 한가운데 서게 되었다. 한중일은 바다와 이어지는 항구를 개항하고 해역의 네트워크를 만나기 시작했다. 해역에서 이전과는 다른 사람과 물자가 이동하기 시작했고, 갈등이 시작되면서 전쟁의 격변도 지속되었다. 그러나 이것은 육역 중심의 네트워크에서 해역 네트워크로 넘어가는 단계의 산물이라 할 수 있다. 그 동안 한중일은 육역 중심의 네트워크를 형성하며 그 틀을 유지해 왔었지만, 해역 네트워크의 출현으로 또 다른 세계와 조우하며 변화를 거듭했다.

두 번째, 현재는 해역 네트워크가 재편하는 시기로, 단절과 연속이라는 특성으로 설명될 수 있다. 한중일은 제2차 세계대전과 한국전쟁을 겪었다. 전 세계가 냉전체제로 접어들었고, 동북아에서 일어났던 백여 년 간의 조우와 숱한 충돌의 정점을 찍었다. 그리고 한동안 교류는 아주 느렸다. 동북아를 다시 깨운 것은 바다였다. 오랜 시간 잠자며 쌓였던 응집력이 폭발을 시작했다.

세 번째, 미래는 해역 네트워크가 확장하는 시기로, 지속 가능성, 융합과 공존을 만들 수 있을 것이다. 해역은 바다로 둘러싸인 한국을 전 세계로 연결한다. 한국의 동쪽에는 일본이, 서쪽에는 중국이, 북쪽에는 북한과 러시아가, 남쪽에는 아시아 국가들과 태평양이, 그리고 동북아 전체에 미국 등 강대국의 영향력도 배제할 수 없다. 해역으로 묶인 이웃 국가들과 새로운 관계를 모색하고 지속 가능성을 열어 보여야 한다.

이 글에서는 동북아 해역의 과거를 살펴보기 위해 물리적 기반인 항로 연구에 집중하였다. 항로의 또 다른 말은 '바닷길'이라고 할 수 있지만, 항로는 필요에 의해 만들어가는 적극적인 개념을 담고 있다. 자연적이고, 수용적인 바닷길을 넘어서는 의미와 개념을 가진다. 근대 동북아 해역이라는 광역망은 이전과는 다른 인간의 활동 범위를 만들어냈다. 바다를 가로지르는 항로는 물자와 사람을 실어 나르는 해운업의 성장과 함께 촘촘한 그물망을 형성했고, 육지에는 거미줄 같은 철도가 삶의 공간들을 엮어나가기 시작했다. 이 때 항로는 다양한 특성을 드러냈고, 특유의 해역 체계를 형성해갔다.

동북아의 특수성을 이해하고 새로운 지역권을 구성하기 위해서는 동북아에 대한 공간적 재구성 과정을 고찰해야 한다. 동아시아의 근대가 해역에서 시작되었다고 한다면, 그 계기는 불평등조약에 따른 개항일 것이다. 개항장을 중심으로 인간의 이동과 활동의 장이 마련되고, 항로와 철도 등의 교통망을 통해 해역 네트워크가 형성되었다. 이 글에서는 항로라는 주제를 중심으로 해역 체계에 대한 기초적인 이해와 세부적인 연구주제에 대한 고민을 담는 데 의의를 둔다.

2. 항로의 특징과 역할

근현대의 항로는 바닷길과 하늘길을 이른다. 근대는 바다를 통해 대부분의 인적, 물적 이동이 이루어졌지만, 현대의 인적 이동은 하늘길, 물적 이동은 바닷길을 주로 이용하고 있다. 국가는 국방력으로 제해권과 제공권을 확보하고, 해운·조선·항공산업을 적극 지원하고 있다. 이절에서는 근대 항로의 특징과 역할을 살펴보려고 한다.

근대 항로는 이전 시기와 비교했을 때 시간과 공간을 단숨에 압축시켰다. 바다를 건넌다는 것은 가늠하기 어려운 공간을 넘어야하고, 오랜 시간이 걸리는 어려운 숙제였다. 그러나 증기선이 등장하고 바다를 이해하는 해도海圖가 갖추어지면서 답을 찾아가기 시작했다. 오히려 너무나 짧은 시간에 항로와 해운 체계가 구축되고 대규모로 사람과 물자가 이동하면서 항로는 단순한 수단이 아니라 또 다른 세계체제를 만드는 요소가 되었다.

항로는 출발점과 도착점이 있다. 그러나 동북아 해역 전체를 본다면 뫼비우스의 띠처럼 도착은 또 다른 출발점이 된다. 항로는 항구 혹은 섬이라는 고정성을 보여주면서 이동성을 동시에 표출한다. 한편으로 항로는 필요에 따라 만들어지고 사라지므로 유동성과 다변성이 아주 심하지만, 특별한 문제가 없다면 해역에서 항로는 경계를 장애로 삼지 않는다. 이처럼 항로는 변화무쌍한 특징을 가지고 있지만 관계성, 이동성, 연계성, 국가성, 지역성이라는 몇 가지를 다층적으로 보여준다.

항로는 관계성이 있어야 개설되고, 항로를 개설해야 관계성을 가진다. 항로를 통한 이동이 활발해 질수록, 지역과 지역을 잇는 항로가 다변화할수록 동북아의 관계망도 유기적인 변화를 동반한다. 항로는 항상 이동하는 본성을 가지는데, 지역을 거점으로 내륙으로 침투(팽창)하거나, 바다로 침투(팽창)하는 양방향성을 보인다. 이러한 움직임은 바다와 육지를 이어주는 연계성을 동시에 발현한다. 한편으로 항로를 개설하는 것은 거대자본이 투입되고, 제반시설이 갖추어져야 가능한 일이므로 국가성을 배제할 수 없다. 부두시설, 선박, 여객과 화물이 있어야 하고 제조업이 발달하여 자재와 상품생산이 연결되어야 항로의 기능이 활발해진다.

이처럼 다양한 항로의 특징이 근현대에 어떠한 역할을 했을까? 동아시아의 근대는 해역에서 시작되었고 대규모 인적, 물적 이동을 통해 유기적인 관계를 형성했다. 이와 연동된 항로는 구심력으로 침투하는 항로, 충돌하는 항로, 원심력으로 분출하는 항로로 성질을 구분해 볼 수 있다. 바다에서 파도가 움직이는 성질과 닮았다. 먼저 침투하는 항로는 외부에서 내부로, 개항시기 서양의 침투를 비유할 수 있다. 배를 타고 바다를 이동하여 개항장에 이르면, 철도를 통해 육지로 밀고 들어가는 현상이다.

두 번째는 충돌하는 항로이다. 외부에서 내부로 침투한 세력은 기존의 세력들과 충돌하고 갈등하면서 뒤섞이게 된다. 예를 들면 일본의 팽창 항로가 중국과 조선의 개항장에 도착했을 때 모습일 수 있다. 세 번째 분출하는 항로는 내부의 힘이 다시 외부로 뻗어나가는 반동 현상을 이야기하는 것이다. 한반도를 본다면 개항기에 제국의 항로들이 일시에 밀려들어왔고, 근대 일본의 제국항로로 완전히 뒤덮였다. 그리고 1945년 해방 이후 냉전항로가 새롭게 편성되고, 냉전체제 종식 이후에는 새로운 지역교류 항로로 다양화되는 현상을 보였다.

국가 경계와 활동 무대가 명확했던 조선은 부산·인천·원산을 개항하고, 세계 각국과 근대 국제법 조약을 맺으면서 삶의 활동 공간에 대한 개념이 달라지기 시작했다. 식민지가 된 조선은 민족 경계와 활동이 선만일여鮮滿一如, 내선일체內鮮一體, 일만지日滿支, 대동아공영권 등의 이념을 앞세운 일본의 제국권역에서 자유로울 수 없었다. 조선인들이 삶을 영위하는 권역은 제국의 지리적 팽창 항로로 설명될 수 있다.

1945년 해방 이후 식민지와 제국주의라는 체제는 붕괴되었고, 조선인들은 지리적으로 심리적으로 귀환을 시작했다. 새로운 동북아 지역 질서와 미국의 헤게모니 재편 과정 속에서 한국은 민족 국가의 영토로 한반도를 재인식하며 정체성을 구축해야 했다. 이전과는 다른 국가와 지역의 위상 변화를 목도해야 했고, 자유주의 진영에 흡수되어 정치, 지리, 문화, 경제 권역의 재구성을 수용해야 했다. 동북아 지역 질서의 변화 과정 속에서 한국의 위상은 새롭게 부여되기 시작했다. 그 속에서 한국은 민족국가로서 정체성을 강화하는 방향으로 나아갔고, 복잡한 역학 구도 속에서 새로운 항로는 재평가된 장소들을 연결했다.

냉전체제가 끝나고 세계는 다변화되고, 다층적인 협력체계를 시도했다. 서로 대치했던 국가들의 국교가 열리고, 한국에서도 지역의 성상과 독립적인 자치권이 형성되었다. 지역을 중심으로 다국가로 향하는 항로가 개설되면서 변화에 따른 인식 틀이 새롭게 생산되었다.

3. 항로 위에 만들어진 해역 체계

동북아 해역 네트워크의 가장 기반이 되는 것이 항로지만, 독립적이고 능동적인 연구주제는 아니다. 항로는 일정한 체계를 필요로 했고, 체계가 만들어지면서 항로가 개설되었다. 항로에 대한 연구는 여러 가지 주제들과 다층적인 논의가 전개되어야 한다. 전개의 요소, 형성의 요소, 인식의 요소, 갈등의 요소로 구분해보았다. 첫 번째 전개의 요소에는 개항장, 항만과 철도, 도시 등이 있다. 두 번째 형성의 요소에는 해도, 해군, 해운, 조선 등이 있다. 세 번째 인식의 요소에는 해양법, 영해領海, 공해公海 등이 있다. 네 번째 갈등 요소는 해전, 해난사고 등이 있다.

동북아 해역을 환동해권, 환황해권, 환동중국해권으로 권역별 구분을 하면, 권역별 이해를 위한 각 분야별 주제는 다양하다. 해역별로 특징과 고유성이 있고, 그 결과를 종합하면 동북아 해역의 특수성과 보편성에 대한 이해가 가능하게 될 것이다. 이 절에서는 근대 동북아 해역의 항로에 대한 연구를 수송과 전쟁, 해도, 해군, 해저통신망, 개항, 도시계획과 도시건설, 해양분쟁이라는 키워드를 접목하여 접근해보았다. 각각 하나의 사례를 들어 설명하는 정도에 그치겠지만 향후 연구 확장을 위한 밑거름으로 삼고자 한다.

1) 전개의 요소

한중일은 바다를 공유했다. 항해술이 발달하지 못한 시기에는 연안을 따라 항해했고, 그 때문에 중국과 일본을 오가기 위해서는 조선의 해안을 반드시 거쳐야했다. 철도가 놓이면서 해역의 지점들은 바다의 선박과 육지의 철도를 연결했다. 1905년 일본과 조선을 잇는 항로가 설정되고, 시모노세키와 부산을 오가는 부관연락선의 출항을 시작으로 한중일의 바다에는 무수히 많은 물자와 사람을 실어 나르는 선박들이 오고 갔다. 수송량이 증가하면서 항만시설이 갖추어지기 시작했고, 도시는 확장되었으며, 급격한 문화변용이 진행되었다.

해역의 교류는 항구에서 시작된다. 해역에서 항구는 새로운 문화가 만나는 국경이자 가능성의 공간이다. 해역에서는 국가를 넘어선 지역 간의 교류를 살펴볼 수 있고, 한편으로는 항구와 함께 도시가 형성되고 확장되는 역사를 볼 수 있다.

일본 '제국'이 동북아 해역에 구축한 교통망은 동해, 황해, 대한해협 루트였다. 첫째는 일본 3항(니가타, 후시키, 쓰루가)-동해-조선 북부 3항(나진, 청진, 웅기)-만철 루트, 둘째는 일본-대한해협-경부선·경의선-만철 루트, 셋째는 일본-황해-만주 3항(다롄, 잉커우, 뤼순)-만철 루트였다. 항로는 평소 여객과 화물수송을 주로 하면서 무역을 통한 경제와 산업을 영위하지만, 유사시에는 군대와 군수물자를 수송하는 등 군사상으로도 중요한 의미를 가진다. 일본은 조선과 만주의 항로를 지정하고 철도를 통해 '제국'의 교통망을 형성했다.

일본은 1931년 만주사변을 일으키고 1932년 만주국을 세웠다. 이후 만주와 일본 간 항로를 이용한 수송은 활발했다. 1937년 중일전쟁 이후 군사수송도 급증했다. 1937년부터 시행된 '만주 산업개발 5개년 계획'은 환동해 항로의 역할을 강화시켰다. 일본은 1938년 만주와 일본을 잇는 교통혁신정책으로 니가타항을 국가 명령항로로 결정했다.

환동해 루트가 각광을 받은 것은 1930년 이후였다. 일본 니가타는

1858년 미일수호통상조약에 따라 1860년 1월 1일 개항이 결정되었다. 일본의 5대 개항장 중 유일하게 서일본 연안에 위치한 곳이었다. 니가타항의 성장을 위해서는 근대식 항만이 필요했다. 1926년 부두 공사가 완료되면서 물동량이 크게 증가했다. 주요 수입품은 중국산 콩과 석탄, 동남아시아 인광석, 러시아산 연어, 사할린과 미국산 목재였다. 니가타항과 육지를 잇는 철도공사도 빠르게 진행되어 1931년 니가타항과 도쿄를 연결하는 조에쓰선上越線이 전면 개통되었다. 조에쓰선은 도쿄와 환동해를 연결하는 최단거리로, 서일본 측 철도수송의 집산지가 되었다. 한편 시노가와信濃川의 수력을 이용한 수력발전소는 1920년 건설되기 시작해서 1938년 완공되었다. 풍부한 전력은 니가타항의 확장을 뒷받침했다.[7]

일본 니가타항과 연결되는 조선 나진항은 니가타항보다 더 일찍 국가명령항로로 결정되었다. 1932년 5월 3일 일본 정부는 만주 철도의 종단항으로 나진을 결정하고, 5년 이내에 나진항을 준공할 것을 만철에 지시했다. 나진항은 1935년 11월 1일 개항되어 1936년 영업이 개시되었다. 나진항은 만주국을 '배후지로 하는 항만'으로 동북 만주의 물자를 이출하고, 이곳으로 향하는 화물을 수입하는 항구일뿐 아니라 이민의 상륙지로 규정되었다.[8]

근대적 항만시설을 구축하고, 도시를 형성하던 니가타항과 1930년대 개항과 도시계획이 동시에 진행된 나진항은 1930~1940년대 일본

---

7 김윤미, 「일본 니가타(新潟)항을 통해 본 '제국'의 환동해 교통망」, 『동북아문화연구』 60, 동북아시아문화학회, 2019 참고.
8 김윤미, 「1930년대 나진 개항과 항만도시 건설의 군사적 전개」, 『인문사회과학연구』 20-4, 부경대 인문사회과학연구소, 2019 참고.

의 제국주의 팽창과 맞물려 급성장했다. 1920년까지 일본과 만주를 잇는 항로는 다롄항이 중심이었지만, 1932년 만주국을 세운 일본은 일본과 만주를 잇는 최단거리의 동해안 항로를 만들고자 했다. 이때 일본이 주목한 곳이 일본 니가타항, 후시키항, 쓰루가항과 조선 북부의 청진항, 나진항, 웅기항이었다. 명령항로를 지정한 이후 일본은 니가타항에 항만시설을 확충하고 도시 확장을 시작했다. 한편 조선총독부도 나진을 도시계획에 따라 항만시설을 갖춘 신도시로 탄생시켰다. 이것은 일본 제국의 환동해 교통망 정책의 결과였다.

2) 형성의 요소

바다는 지리적으로 극복의 대상이었다. 바다를 통해 인간의 삶이 전개된 것은 근대 시기가 되면서였다. 지리적인 한계를 넘을 수 있는 기술이 발전함에 따라 지리에 따른 경계는 허물어졌고, 해역이라는 공간이 삶의 무대로 전면에 등장할 수 있었다. 이때 기술의 발전이라고 하면 대표적으로 증기선을 이용한 항로 개설, 해저케이블이라는 통신기술이다. 기술의 발전과 더불어 바다의 지도인 해도가 갖추어지면서 사람들은 개방성의 바다로 접근하기 시작했다. 이제 더 이상 바다는 장애물이 아니라 네트워크를 중심으로 재편된 공간이 되었고, 근대 동북아에는 제국 네트워크라는 것이 형성되었다.

19세기부터 구미제국은 동아시아 해안에서 해도를 작성하기 위한 측량을 시작했다. 조선에 등장했던 함선은 통상을 요구하며 불법적으로 해안 측량을 감행했다. 프랑스와 미국이 조선에 개항을 요구하며 군사적 충돌을 시작한 것은 그 서막이었다. 러일전쟁이 끝난 1905년 조선이 일본의 영향권에 완전히 들어가기 전까지 조선은 열강들의 각축장이었다. 열강들은 조선의 육지와 바다를 조사하며 개항장을 기반으로 세력을 확대하고자 했다. 특히 일본과 러시아는 1894년 청일전쟁부터 1905년 러일전쟁이 끝나는 기간 동안 조선과 만주 지역에서 치열하게 정보 수집 경쟁을 전개했다.

수집한 정보를 바탕으로 러시아와 일본은 원산, 인천 월미도, 부산 영도, 마산에서 조차권을 두고 충돌했다. 조차지는 잠재적인 군사기지였다. 함대의 이동에 필요한 연료와 식수 공급 기지를 건설하기 위한 군용지 쟁탈전이었다. 조차지를 두고 치열하게 러시아와 일본이 경쟁한 것은 항로의 문제이기도 했다. 러시아의 최대 관심사는 뤼순과 블라디보스토크 간 항로를 안정적으로 확보하는 것이었고, 이를 위해서는 두 항구를 연결하는 중간 지점인 한반도 남부 지역에 중간 기항지가 꼭 필요했다. 일본은 러시아의 항로를 막기 위해 남해안 연안과 거점 지역에 대한 전략적 조사를 시행하고, 주요 지점에 근거지를 마련하여 러시아의 항로를 차단했다.

일본의 해도 제작은 해군 수로부에서 담당했다. 수로부는 조선의 수로와 특징을 기록한 『조선수로지』를 청일전쟁 중이던 1894년 11월 발행했다. 청일전쟁 이후 1899년 재간행하고, 러일전쟁 전후에 재조사에 착수하여 1907년 개정 보완했다. 수로부는 1896년 『조선전안』을 시작으로 매년 많은 해도를 제작했다. 해군의 조선해안 측량의 결과는 1905년을 전후해서 대대적으로 보완되었다.[9]

---

9   김윤미, 「일본 해군의 남해안 조사와 러일전쟁」, 『한국민족운동사연구』 99, 한국민족운동사학회, 2019 참고

해도와 정보 수집을 기반으로 통신망이 구축되고, 교통망이 연결되었다. 육상전선과 해저전선으로 정보를 빠르게 전달하고, 항로와 철도로 사람과 물자가 대규모로 이동했다. 이 두 연결망은 제국이 식민지를 통치하는 핵심적인 도구였으며, 공간의 한계를 넘어 제국의 네트워크를 만들었다.

조선에도 본국과 관계망을 만들어가려는 제국들의 힘이 나타나기 시작했다. 열강들은 조선의 해안을 측량하고 해도를 제작하여 항로를 만들고, 조선이 개항하자 철도 부설권을 차지하기 위해 나섰다. 육상전선을 부설하고, 해저전선을 가설하여 조선의 통신망을 본국과 연결시키고자 했다. 조선을 차지하려는 열강의 각축전 속에서 조선의 통신망과 교통망을 장악한 것은 일본이었다.

일본은 조선 개항 이후 영국과 러시아 등 통신강국의 영향을 벗어나 독자적인 네트워크를 구축하려고 했다. 일본은 조선 해역을 거점으로 일본과 대륙을 잇는 통신망을 구축하고, 일본을 중심으로 한 제국의 통신 네트워크 형성을 도모했다. 그 계기는 청일전쟁과 러일전쟁이었다. 청일전쟁을 계기로 일본과 타이완 간 해저전선을 부설했고, 러일전쟁을 계기로 일본과 대륙을 잇는 동북아 해역의 해저전선을 부설했다. 일본은 청일전쟁 시기에는 조선에서 육상통신망 구축에 전력했다면, 러일전쟁 시기에는 그 동안 조선정부에서 거부했던 해저통신망 구축에 힘을 쏟았다. 군용선으로 부설된 통신망은 전쟁이 끝난 후 정부 기관에 이관하여 대중들이 사용하는 국가 기반시설로 자리하게 되었다.[10]

---

10 김윤미, 「일본의 한반도 군용 해저통신망 구축과 '제국' 네트워크」, 『숭실사학』 43, 숭실사학회, 2019 참고.

3) 인식의 요소

항로가 넘었던 바다가 국경과 영해의 경계로 인식되면서 충돌과 갈등이 시작되었다. 바다의 구분선인 영해 개념은 어업권과 항로권의 제한을 의미했다. 전통적 어업과 항로에서 조난, 즉 표류는 자연재해로 인한 것이 많았고 해류에 떠밀려 표착하는 사례도 다수였다. 연안항로를 이용해서 바다를 이동했고, 어민들은 연안어업을 주로 했다. 그러나 증기선이 출현한 이후 해난사고는 선박 자체의 문제로 침몰, 파손, 좌초, 화재 폭발, 기계 결함, 충돌 등이 원인이 되었다. 여기에 영해라는 바다의 경계로 인해 타국에서 조난을 당하거나, 타국의 경비선에 나포되기도 했다. 이것은 세계 항로를 이용한 해운업의 진전과 근해어업 혹은 원양어업으로 나갔던 어민, 선원들이 해양과 영해라는 인식을 바탕에 두지 않으면 안 되는 상황이 되었다.

구체적인 권역으로 환동해를 살펴보겠다. 환동해는 근대 교역과 어업이 활발했지만, 해방 이후 냉전체제 속에서 눈에 보이지 않는 경계와 긴장감으로 교류의 역동성이 멈추었다. 그러나 냉전체제 붕괴 이후 권내 교역규모가 증가하면서 인적, 문화적 교류도 급증하고 있다. 환동해의 존재를 다시 인식하고, 환동해에 대한 지식과 특성에 대한 정보를 시급히 축적해야 하는 과제를 안게 되었다. 자원과 환경, 영토와 영해문제에 대한 전략 수립도 긴급히 필요하게 되었다. 환동해를 무대로 연안 도시와 어촌에는 많은 사람들이 삶을 영위하고 있다. 이들을 위한 정책과 이해도 동반되어야 한다.

환동해는 한국, 북한, 러시아, 중국, 일본이 직접적인 이해 당사국으로 복잡한 근현대사를 노정해왔다. 특히 접경지역은 국가 간, 지역 간 교류와 번영의 장이자 갈등을 지속해왔다. 환동해에서 국경을 마주하고 있는 육지와 바다가 교차하는 두만강 지역이 대표적이다. 두만강을 둘러싸고 한반도와 러시아가 처음 국경을 접하게 된 것은 1860년 베이징조약 이후였다. 연해주가 러시아의 영토로 편입되면서 동북아에서 러시아는 강력한 세력으로 등장했다. 연해주의 영해 설정은 기존의 어업과 항해에 큰 영향을 미쳤다.

러시아는 영해 12해리를 주장했고, 일본은 영해 3해리를 주장하여 환동해 어업은 충돌이 계속되었다. 게다가 1931년 일본이 만주사변을 일으키고, 1932년 만주국을 세우면서 국경을 접하고 있던 러시아와 군사적 갈등이 고조되었다. 전쟁의 위협이 날로 커지는 가운데, 일본과 러시아는 상대국에 대한 정보수집에 총력을 기울였다. 이 시기 어선 나포사건이 빈발했고, 조난 배경이 의심스러운 사례도 많았다. 1930년대 어선의 나포와 조난어선의 문제는 단순한 어업분쟁이 아니라 이면에는 일본과 러시아의 군사적 정보수집과 해안경계 강화라는 배경이 있었다.[11]

4) 갈등의 요소

해역은 평화의 시기에는 소리 없는 교류의 장이었지만, 거대한 충돌이 발생하면 전쟁의 공간이 되었다. 청일전쟁, 러일전쟁, 아시아태평양전쟁 등이 그러했다. 제3차 세계대전이라고 부르는 한국전쟁(6·25전쟁)은 해역을 통해 전 세계의 군사력이 한반도에 집중되었다. 현재는 전쟁으로 귀결되지는 않았지만 '배타적 경제수역'에서는 충돌이 계속되고

---

11 김윤미, 「조선과 러시아의 환동해 접경해역을 둘러싼 갈등」, 『인문사회과학연구』 21-2, 부경대 인문사회과학연구소, 2020 참고.

있고, 독도 등의 해양영토 분쟁도 해결점을 찾지 못한 채 표류하고 있다.

항로를 안전하게 유지할 수 있는 것은 국제해양법의 준수가 기본이 겠지만, 현실적으로 해군의 존재와 역할도 중요하다. 해상교통로는 평상시에는 무역로이지만, 전쟁시기에는 생명선으로 항로가 봉쇄가 되면 전쟁의 패배로 이어진다. 해상교통로 확보를 위해 해군은 항로 곳곳에 군사기지를 만든다. 군사기지는 시기에 따라, 전쟁에 따라 요충지가 변하기는 하지만, 대부분은 유지된다.

근대 한반도 해역의 교통로를 확보하고, 방어하던 일본 해군의 본부는 진해였다. 진해에 일본 해군의 근거지가 구축된 것은 러일전쟁 직전이었다. 거제도 송진포에 임시 해군기지를 건설한 후, 대규모 군주둔지를 물색했다. 일본은 진해를 군항으로 건설하면서 진해요항부를 설치하고, 1941년 진해경비부로 격상시켰다. 진해경비부는 진해에 기지를 두고 한반도 해안 전체를 방어했다. 청일전쟁과 러일전쟁 이후 해전이 일어날 가능성이 적었던 한반도지만, 일본과 대륙을 잇는 교통로라는 점에서는 그 의미가 컸다. 아시아태평양전쟁을 준비한 일본으로서는 진해의 해군 조직을 키우고, 주둔의 성격과 영역을 공고히 할 필요가 있었다.[12]

근대 일본의 팽창은 해상교통로가 기반이었다. 이 때문에 일본은 한반도의 동남해안을 '내해화內海化'하자는 주장을 계속했다. '내해화'는 해상교통로와 해상요충지를 확보하기 위한 해상 봉쇄를 의미하는데, 이곳에서는 적의 해상진출을 철저히 막는다는 군사적 전략이었다. 제1차 세계대전에서 독일의 패배가 해상 봉쇄에 따른 경제 고립 때문이라고 판

---

12 김윤미, 「진해경비부의 동북아 해역 교통로 확보와 해군기지」, 해역인문학세미나 발표 원고, 부경대학교 HK+사업단, 2019 참고

단한 일본군은 이후 주요 지역에 병력을 주둔시키고, 요새를 구축하는 등의 군사적 방안을 모색했다. 이후 일본의 '내해화'는 '동중국해'까지 포함했다. 전쟁의 자원과 병력을 한반도 등의 대륙과 동남아시아에서 조달하려는 이른바 '대동아공영권'의 반영이었다.

동북아 해역에 대한 이러한 정책과 인식에 기반해서 일본 육군은 해양요충지를 확보하기 위한 요새를 구축하여 요새사령부를 편성했다. 조선에 구축한 요새는 진해항, 원산항, 부산항, 나진항, 웅기항, 여수항이었다. 각 해안요새는 철도와 연결되는 중요 항구로, 해상교통로와 육상교통로가 만나는 곳이었다.

1905년 러일전쟁 시기 일본군은 진해만요새와 영흥만요새를 구축하여 근거지로 삼았고, 이후 요새는 군사기지로서 항만과 항로를 보호하고, 전략적 거점을 제공했다. 제1차 세계대전 이후, 1924년 부산요새를 새로이 구축하여 진해만요새에 포함시키고, 1937년 중일전쟁 전후 나진요새를 신설하고, 웅기요새도 계획했다. 1941년 아시아태평양전쟁을 전후해서는 진해만요새사령부를 부산으로 이전하고, 한반도 요새의 핵심으로 기능할 수 있도록 부산요새를 강화했다. 일본과 중국을 연결하는 조선 서남해안 항로 방어를 위해 여수요새도 신설했다.[13]

13   김윤미, 「일본군의 군사수송과 한반도 해안요새」, 『역사와실학』 59, 역사실학회, 2016 참고.

4. 동북아 해역에서 부산항로의 의미

근현대 동북아 해역은 대륙문화와 해양문화가 교차하거나 융합하는 지역이었고, 군사적 충돌이 발생했던 지점이자, 이문화가 접촉하거나 변용되는 공간이었다. 분쟁의 소지를 안고 있지만 역사와 문화의 축적이 계속되어온 자원의 보고이기도 하다. 이러한 동북아 해역에서 부산은 육지에서 바다로 나가는 관문이자, 바다에서 육지로 나가는 관문이었다. 예로부터 무역과 군사적 요충지였던 부산의 지정학적 의미는 현재도 여전히 유효하다.

일본은 1876년 강화도조약으로 부산을 개항장으로 확보한 후 항만을 만들기 시작했고, 1905년 부관연락선 취항과 경부선·경의선 부설을 통해 일본과 대륙을 연결했으며, 1945년 패전 직전까지 해상교통로 확보를 위해 부산을 중심으로 군사력을 집중시켰다. 부산은 일본 '제국'의 전체 교통망의 중심도시였다.

부산은 부산포라는 작은 어촌마을이었다. 작은 포구였던 부산이 조선 최대의 항만 시설을 갖춘 항구가 된 것은 항로와 철도를 잇는 교통 결절점이었기 때문이다. 일본은 1900년대 부산 1부두와 2부두 공사를 시작했고, 1937년부터는 3부두와 4부두 공사를 시작했다. 그 외 현재 감만동 일대를 매립해서 임항철도를 부설했다. 1937년 조선총독부는 조선 전체의 항만·도로·철도계획을 추진하고, 동시에 주요 지역의 시가지계획을 통해 지역 내부의 도로, 구역정비 등의 기반시설을 확충했다. 부산도 이 시기 대대적인 도시 확장이 시행되었다.

근현대 부산은 항구의 인적, 물적 이동을 토대로 제조업이 성장했다.

일찍이 부산은 무역항으로 상업이 발달해 있었고, 여기에 제조업이 자리를 잡아 상공업 도시로 성장할 수 있었다. 일본의 군수회사로 지정된 조선방직과 조선중공업 등 대기업이 부산에 설립된 것도 중요 수송항이었기 때문이다. 군수물자를 제공하고 선박의 건조·수리를 하는 일은 항구라는 입지 조건이 있어야 가능한 산업이었다.[14]

식민지였던 조선의 항로는 일본에 의해서 개설되고 운영되면서 부산에서 남해안 항로, 동해안 항로, 서해안 항로를 따라 중국, 일본, 러시아가 연결되었다. 동북아 해역을 빈번히 오고갔던 항운회사는 일본의 거대 기업이었고, 국가의 필요에 따라 정부의 정기 명령항로가 지정되어 많은 보조금이 책정되었다.

남해안의 대표적인 항로는 부관연락선을 취항했던 부산-시모노세키 항로였다. 1905년 운영을 시작하여 일본의 많은 물자와 사람들이 조선에 밀려들어왔고, 경부선과 경의선을 통해 만주로 향했다. 동해안 항로는 1904년 러일전쟁이 시작되던 시기부터 일본에서 조선을 거쳐 러시아로 가는 길을 열었지만, 일반 여객과 화물이 이동하기 시작한 것은 1915년 월 3회 원산-블라디보스토크선이 운항을 개시한 때부터였다. 항로는 더욱 길어져서 부산을 거쳐 시모노세키까지 잇는 항로로 확대되었고, 1934년에는 오사카-고베-히로시마-시모노세키-부산-원산-흥남-성진-웅기-블라디보스토크까지 연결하는 긴 항해를 했다.

서해안 항로는 조운운송이라는 전통적 필요성에 따라 연안항로가 개척되어 있었지만, 근대 일본의 팽창과 함께 일본, 조선, 중국의 다롄을

---

14 김윤미, 「일제시기 일본군의 대륙침략 전쟁과 부산의 군사기지화」, 부경대 박사논문, 2015 참고.

잇는 항로로 전면 재편되면서 국가와 지역의 자본, 기업의 자본이 투입되기 시작했다. 다롄-진남포-인천-군산-목포-부산-하카다-나가사키-가고시마를 항해했던 항로는 다롄항에서 대두, 소두, 콩깻묵, 사료 등을 탑재하고, 조선항에서 쌀, 대두, 과일, 소 등을 실어 일본으로 옮겼다. 그리고 일본 규슈의 각 항에서는 사료, 금속제품, 석탄, 목재, 보리, 시멘트, 비료를 실어 조선과 다롄항에 내렸다.[15]

근대 항로는 육지를 공간적 근거로 하여 만들어진 정치권력과 국가라는 것이 바다를 통해서 팽창하고 수축하는 과정을 단적으로 보여준다. 그래서 항로는 국가차원의 대규모 프로젝트에서 시작되어, 지역의 경제단위로도 세부적인 선을 구성했다.

부산은 항구도시이면서 일본 '제국'의 중심도시였다. 일본이 동북아의 패권을 가졌던 시기 전략적으로 만든 부산은 그래서 동북아라는 권역 안에서 더 의미와 역할이 큰 지역이었다. 1945년 8월 15일 이후 부산발착 항로는 새로운 국면을 맞이했다. 바다를 통해 나갔던 사람들이 부산항을 통해 유입되기 시작했고, 미군이라는 집단이 들어왔다. 그리고 한국전쟁은 유엔군과 함께 세계 각국의 사람들과 물자가 부산에 집결되는 상황을 만들었다.

한반도에서 가장 먼저 동북아 해역의 항로가 도입되었던 공간은 부산이었다. 동시에 한반도에서 가장 마지막까지 남았던 항로도 부산이었다. 근대 항로의 한국사적 의의를 찾기 위해서 연구의 출발점을 부산으로 하여 마지막까지 주시해야 하는 이유이다.

---

15 하지영, 「조선총독부 해운정책과 朝鮮郵船株式會社의 항로 경영」, 동아대 박사논문, 2019 참고

| 참고문헌 |

고경석,『鎭海軍港史』, 해군사관학교 해양연구소, 2016.

김수희,『근대 일본어민의 한국진출과 어업경영』, 경인문화사, 2010.

김재승,『한국근대해군창설사』, 혜안, 2000.

나애자,『韓國近代海運業史硏究』, 국학자료원, 1998.

남영우,『일제의 한반도 측량침략사』, 법문사, 2011.

손정목,『日帝强占期 都市計劃硏究』, 일지사, 2002.

손태현,『한국해운사』, 아성출판사, 1982.

요시다 케이이치, 박호원 · 김수희 역,『조선수산개발사』, 민속원, 2019.

이근우 외,『19세기 동북아 4개국의 도서분쟁과 해양경계』, 동북아역사재단, 2008.

장수호,『조선시대 말 일본의 어업 침탈사』, 블루앤노트, 2011.

조세현,『천하의 바다에서 국가의 바다로』, 일조각, 2016.

진한엠앤비 편집부,『기록으로 본 한국의 정보통신 역사』, 1, 진한엠앤비, 2012.

최영호 외,『부관 연락선과 부산-식민도시 부산과 민족 이동』, 논형, 2007.

최혜주,『정탐-제국일본, 조선을 엿보다』, 한양대 출판부, 2019.

宮川卓也,「일본 제국의 기상관측망 구축과 '일본 기상학'의 형성, 1868~1945」, 서울대 박사
논문, 2015.

권세은,「환동해 복합관계망의 개념화에 대한 일고」,『아태연구』22-2, 경희대 국제지역연구
원, 2015.

기무라겐지,「關釜連絡船이 輸送史에서 차지하는 위치」,『한국민족문화』28, 부산대 한국민족
문화연구소, 2006.

김문기,「海權과 漁權-韓淸通漁協定 논의와 어업분쟁」,『대구사학』126, 대구사학회, 2017.

김백영,「한말~일제하 동해의 포경업과 한반도 포경기지의 변천사」,『도서문화』41, 목포대
도서문화연구원, 2013.

김연희,「고종 시대 근대 통신망 구축 사업」, 서울대 박사논문, 2006.

김용욱,「淸日戰爭(1894~1895) · 露日戰爭(1904~1905)과 朝鮮海洋에 대한 制海權」,『법학연
구』49-1, 충남대 법학연구소, 2008.

김윤미,「일본 해군의 남해안 조사와 러일전쟁」,『한국민족운동사연구』99, 한국민족운동사학
회, 2019.

_____「조선과 러시아의 환동해 접경해역을 둘러싼 갈등」,『인문사회과학연구』21-2, 부경
대 인문사회과학연구소, 2020.

김일상,「日帝의 韓半島 侵略政策과 鎭海軍港建設」,『海洋戰略』69, 해군대학 해군전략연구부, 1990.

김정란,「1930년대 조선총독부의 어업정책과 어업조합의 활동 – 함경도 지역을 중심으로」, 한양대 석사논문, 2017.

사카모토 유이치,「植民地期 朝鮮鐵道에 있어서 軍事輸送 – 시베리아 출병, 만주사변과 부산을 중심으로」,『한국민족문화』28, 부산대 한국민족문화연구소, 2006.

서인원,「일본 육지측량부 지도제작」,『영토해양연구』14, 동북아역사재단, 2017.

송경은,「식민지기 漁業權의 소유 형태와 특질 –『官報』어업권 자료 분석을 중심으로」,『경제사학』59, 경제사학회, 2015.

송규진,「일제의 대륙침략기 '북선루트', '북선3항'」,『한국사연구』163, 한국사연구회, 2013.

심재욱·하원호,「일제강점기 동해 어족 자원의 수탈과 활용」,『숭실사학』38, 숭실사학회, 2017.

이규태,「일본의 동해횡단항로의 개척과 전개」,『도서문화』45, 목포대 도서문화연구원, 2015.

정재정,「일제하 '北鮮鐵道'의 경영과 日滿鮮 新幹線의 형성」,『역사교육연구』54, 한국역사교육학회, 2015.

최재정,「1930~40년대 어업조합의 활동 – 전남지역 사례를 중심으로」,『사학연구』108, 한국사학회, 2012.

하세봉,「근대 동아시아사의 재구성을 위한 공간의 시점」,『동양사학연구』115, 동양사학회, 2011.

하지영,「조선총독부 해운정책과 朝鮮郵船株式會社의 항로 경영」, 동아대 박사논문, 2019.

한철호,「일본 해군 수로부의 오키 측량과 독도 인식」,『한국근현대사연구』65, 한국근현대사학회, 2013.

關本健,「'北鮮ルート'と日本海航路」,『東アジア一歴史と文化』6, 新潟大学, 1997.

廣瀬貞三,「植民地期朝鮮における羅津港建設と土地収用令」,『環日本海研究年報』17, 新潟大学環日本海研究室, 2010.

大宮誠,「日本海横断航路の研究(1896・1945)」, 新潟大学 博士學位論文, 2013.

松本和久,「初期満ソ国境紛争の発生と展開 1935~1937)」,『国境紛争』8, 北海道大学スラブ・ユーラシア研究センター 境界研究ユニット, 2018.

林采成,「戰時下朝鮮國鐵の組織的對應 –「植民地」から「分斷」への歴史的經路を探って」, 東京大学 博士學位論文, 2002.

加藤圭木,『植民地期朝鮮の地域變容 – 日本の大陸進出と咸鏡北道』, 吉川弘文館, 2017.

稻吉晃,『海港の政治史』, 名古屋大學出版會, 2014.

芳井研一,『環日本海地域社会の変容』, 青木書店, 2000.

牛越國昭,『對外軍用秘密地圖のための潜入盗測』1, 同時代社, 2009.

有山輝雄,『情報覇權と帝國日本III – 東アジア電信網と朝鮮通信支配』, 吉川弘文館, 2016.

동북아 해역과 근대 조선산업

공미희

1. 들어가며

조선산업이란 상업적 혹은 군사적 목적으로 조선소에서 선박을 건조하거나 수리하는 업을 말한다. 예로부터 인적이나 물적 이동의 교류수단으로서 조선산업은 국가의 아주 중요한 부분을 담당하였고, 또한 19세기 유럽의 산업혁명을 바탕으로 서양에서 아시아 국가에 개방을 요구함에 따라 조선산업은 국가 간의 교역에 있어서 점점 더 큰 규모로 성장하기 시작하였다. 바닷길을 이용하지 않고는 교역 자체에 한계가 있기 때문에 조선산업은 국가의 경제적 도약은 물론 군사적으로도 중요한 위치를 차지하게 되었다. 서양의 군함에 놀란 일본은 부국강병 정책으로 근대화를 추진하는 과정에서 서양의 기술을 도입하여 근대화를 이룩하였다. 이에 기술력, 군사력, 경제력을 확보한 일본은 동북아 해역에서의 제국주의 정책을 추진할 수 있는 기반을 확보한 것이다. 이와 같은 일본의 제국주의 정책을 뒷받침하는 주요한 기술이 조선造船의 건조 기술이고 산업으로서는 조선 및 해운산업이다.

제국주의 정책으로 식민 지배를 받은 한국 산업의 근대화 과정에 대한 인식에 대해서, 침략과 지배를 한 일본인의 인식과 지배를 받은 한국인의 인식에 차이점이 있고 이러한 문제점은 지속적으로 논쟁이 되고 있다. 그래서 '식민지 근대화론', '반일 종족주의'[1] 용어가 등장하였다. 이러한 현실을 바탕으로 일본 제국주의 정책의 밑바탕이 된 근대 동북아 해역에서의 일본 조선산업의 발달과정을 살펴보는 것은 의미가 있다고 판단된다.

일본은 1854년 2월에 우라가浦賀 앞바다에 미국의 페리제독이 이끌었던 4척의 증기군함인 흑선이 들어오자 위협과 불안을 느꼈고, 1853년 6월에 '대선건조금지령大船建造禁止令' 해제에 따라 나가사키 데지마에 있었던 네덜란드인이나 네덜란드 조선서造船書로부터 서양의 조선술을 배워 일본인들이 직접 서양식 군함을 건조하기 시작하였다. 1854년에 일본 최초의 국산 양식 군함 '호오마루鳳凰丸(범선)'를 건조시켰고, 1855년에는 러시아인으로부터 서양범선의 설계와 건조, 진수법을 배워서 최초로 서양식 범선을 일본에서 건조하였다. 이처럼 일본은 근대화가 진행됨에 따라 목선 건조에서 강선鋼船으로, 범선에서 기선(증기선)으로 조선기술이 발달하게 되었다.

한편 일본이 근대화에 관심을 가지기 시작하는 시기에 서양에서는 이미 근대적 선박인 기선을 개발하여 동북아 해역에서의 해운업을 주도하였고, 1859년에 영국과 미국의 기선에 의해 상하이와 나가사키 항로가

---

1 이영훈 외,『대한민국 위기의 근원 반일 종족주의』, 미래사, 2019.

개설되었으며, 1866년에는 미국의 태평양우편기선회사에 의해 요코하마와 상하이를 잇는 항로도 개설되었다.[2] 그 이후 일본이 조선산업에 대한 근대화를 달성하여 제국주의 정책을 펼치면서 동북아 해역의 해운업을 장악하기 시작하였다. 청일전쟁 후에 체결한 시모노세키조약에 의해 일본은 중국 내륙에 기선항행 이권을 장악했으며, 선박의 신조선新造船을 많이 도입한 2대 해운회사인 일본우선회사와 오사카상선회사가 주로 활동했다. 일본우선회사는 나가사키를 거점으로 1886년 인천-옌타이-톈진간의 항로를 신설했고 한국에서는 부산선과 항로를 구축하였다.[3]

동북아 해역에서의 기선의 등장은 범선을 이용하는 것보다 시간적으로 많은 단축을 가져왔으며 공간적으로도 다양한 지역을 왕래할 수 있어서 상업무역도 가속화되었다. 그러나 일본은 근대적 선박 건조기술(기선)을 확보하여 조선업과 해운업을 성장시켜 제국주의 정책으로 동북아 해역을 침략하는 계기가 되었다. 한편 근대화를 이룬 일본에 의해 개항을 하게 된 조선은 서양 근대 문물과 기술을 적절하게 수용하지 못했을 뿐 아니라 일본의 식민지가 되었다. 이런 사실을 견주어 볼 때, 과연 한국을 침략하고 지배한 일본이 국내에 조선산업을 위해서 일본의 근대조선 기술을 전수했는지 아니면 오히려 제국주의 정책의 수단으로 이용을 하였는지 분석한 필요성이 있다. 따라서 이 글에서는 일본이 서양의 과학기술을 수용하여 조선산업을 근대화시킨 과정을 분석하고, 국내 조선산업과 그 연관산업(어업)에 대한 근대 역사적 상황을 분석해 이들 자료를 비교함으로써 국내 조선산업에 대한 일본의 제국주의 지배전략을 고찰하고자 한다.

---

2   松浦 章, 『汽船の時代 −近代東アジア海域−』, 清文堂, 2012, 345면.
3   羅愛子, 『韓國近代海運業史研究』, 국학자료원, 1998, 117면.

2. 조선산업의 연구동향

먼저 근대화의 기반산업으로서 활용한 일본의 조선산업에 대한 선행연구를 고찰하고자 한다. 일본은 조선산업을 바탕으로 군사적 근대화를 이루었고, 경제적으로 성장하는 계기를 마련하였으므로 일본 내에서 서양식 배가 처음으로 만들어진 배경이나 발달과정 등의 조선발전사에 관한 선행연구는 활발히 이루어져왔다.

히라야마 쓰구키요平山次清(2018)는 막부 말기에 일본인에 의해 건조된 서양식 범선 '호오마루'와 러시아 기술장교 지도에 의해 서양식 범선 설계, 건조, 진수법을 처음 배우면서 건조한 '헤다'에 대해서 비교분석하였다.[4] 또한 일본의 근대 조선기술이 막부 말기 이후, 선진 기술의 직접적, 간접적 도입, 섭취에 의해서 발전을 계속해 메이지 말기에 이르러 선체 설계와 공작, 기관 제작을 통하여 자립화하는 과정을 분석하였다.[5] 세키네 마사미関根政美(1980)는 막부 말기 조선공업의 역사적 변천을 중심으로 여명기 근대 일본의 공업화 도입과정을 검토해 근대일본공업화의 극히 초기단계를 규정한 공업화의 전제조건 정비 상황을 살펴보았고, 아울러 요코스카조선소 건설의 의의에 대해서 검토하였다. 스기야마 켄지로杉山謙二郎(2002)는 막말기幕末期에 서양식조선의 도입과 정착에 대해서 분석했다. 이케하타 미쓰히사池畑光尚(2003)는 1956년에 일본이 조선 세계 제일의 자리에 오른 이래 1993년까지 38년간 그 자리를 유지

---

4   平山次清, 「幕末に建造された洋式帆船「鳳凰丸」と「ヘダ」の比較－ふね遺産(非現存船)の候補として」, 『日本船舶海洋工学会講演会論文集』26, 日本船舶海洋工学会, 2018, 82면.

5   井上洋一郎, 「日本近代技術史の一研究－船技術の自立化について」, 『經濟論叢』99-1, 京都大學經濟學會, 1967, 82~98면.

할 수 있었던 것은 서양문명의 새로운 기술과 경영법 등의 도입이 순조롭게 진행되었기 때문으로 분석하였다. 그 이유는 에도시대에 기른 전통적 일본 조선기술의 레벨이 높았던 점과 경제적 기반이 되는 자본력을 축적한 상인이 에도시대에는 이미 각지에 있었던 것이 직접적인 원인이고, 나아가서는 에도시대의 높은 문화 레벨을 지탱한 교육의 보급률이 높았기 때문이라고 분석하였다.

한편 한국의 근대 조선산업에 대한 선행연구를 분석하기에 앞서 일본에 의한 한국의 어민과 어선의 환경변화 과정을 살펴보아야 한다. 일본에 의해 개항된 조선의 바다에는 일본어업자들이 몰려들었고, 그 어선들이 한국 연근해에서 풍랑으로 인한 고장 등으로 긴급 수리의 수요가 발생하여 일본인 조선소가 국내에 설립되었다. 러일전쟁 후에는 일본정부의 정책으로 일본어업자들은 조선연해에서 통어하는 데 그치지 않고, 국내에 일본인 이주어촌을 설립하여 조선 연근해에서의 어로활동을 확대하여 어업수탈을 시작하였다. 일본의 이와 같은 어로행위에 대해서 우리나라 어업권이 침탈된 뼈아픈 역사로 인식을 하고 있지만, 침략을 한 일본에서는 문화유산으로 기록하는[6] 등 동일 역사 사실에 대해서로 다른 인식을 하고 있다는 것을 후손으로서 기억할 필요가 있다.

한일강제병합 이후에 일본어업자들의 국내 침투행위는 점점 노골화되었고, 조선총독부에서는 일본형 어선을 한국에 보급하기 위한 정책으로 일본형 어선을 구입하는 한국 어민에게 어선구입 보조금을 지급하는 정책 등 어선 수리와 건조를 위한 일본인 조선소가 증가하는 계기

---

6 愛媛県教育委員会,『愛媛県の近代化遺産－近代化えひめ歴史遺産総合調査報告書』, えひめ地域政策研究センタ, 2013, 58면.

를 만들었다. 이와 같은 국내 어선 역사적 배경분석에 기반이 되는 일본 어업자의 침투[7] 및 일본인어민의 조직화[8]에 대한 선행연구가 수행되었다. 일본어민의 어업침투과정과 어업행위의 특성에 대한 분석(吉田敬市, 1954; 박구병, 1967; 이영학, 1995)은 개항 전의 밀어가 대부분이었던 것에 비해, 개항 후가 되면 일본정부의 정책적인 측면으로서의 이주어촌 건설을 추진하게 된다. 일본인 어민의 조직화에 대한 대표적 연구로서, 김수희(2004)는 일본인어업을 발전시키기 위해 일본인 어민의 조직화를 국가가 직접관리 했으며, 어민활동지원 등 일본의 국가 보조금 지급은 한국어장의 식민지화를 획책했다고 기술했다.

개항 이후 일본 조선업자造船業者가 국내에 들어와서 조선소를 설립하였지만 국내 조선산업의 근대화에 기여하기보다는 일본의 어선 수리와 건조를 위함이었고, 일본의 근대 조선기술이 국내에 전달되거나 전수되지는 않았다. 김재근金在瑾(1994)은 일본이 우리나라에 조선소를 설립하게 된 동기를 일본인 수산업자와 해운업자[9]들의 활발한 침입과 밀접한 관계가 있다고 기술했다. 그리고 일본인 조선업체를 일제 강점기 전기와 후기로 분류해 전기는 조선업체의 정착으로 보았고, 후기는 업체

---

7   吉田敬市, 『朝鮮水産開發史』, 朝水會發行, 1954; 한우근, 「개국후 일본인의 한국침투」, 『동아문화』 1, 서울대 동아문화연구소, 1963; 박구병, 「개항이후의 부산의 수산업」, 『항도 부산』 6, 부산광역시사편찬위원회, 1967; 이영학, 「개항 이후 일제의 어업 침투와 조선 어민의 대응」, 『역사와 현실』 18, 한국역사연구회, 1995; 影島區鄕土誌編纂委員會, 『影島鄕土誌』, 釜山廣域市影島區, 2003.

8   김수희, 「개항기 한국내의 일본인 어민의 조직화 과정」, 『수산연구』 20, 한국수산경영기술연구원, 2004.

9   海運業者에 관한 선행연구로는 孫兌鉉, 「舊韓末의 官營汽船海運에 關한 硏究」, 『東亞論叢』 7, 東亞大學校, 1970; 孫兌鉉, 『韓國海運史』, 亞成出版社, 1982; 羅愛子, 『韓國近代海運業史硏究』, 국학자료원, 1998; 羅愛子, 「開港後 淸 · 日의 海運業浸蠢와 朝鮮의 對應」, 『梨花史學硏究』 18, 梨花史學硏究所, 1988.

의 대형화 및 계획조선으로 분류해서 각각의 특징에 대해 분석했다.[10] 개항기 이후부터 해방까지 조선산업 선행연구자로서는 배석만을 들 수 있다.[11] 배석만은 1930년대 후반 정책적 목적에서 설립된 조선기계제 작소의 자본 축적 과정이 일제의 전시체제 구축과 관련되어 군수회사의 성격을 강화해 나가는 과정에 대해 분석했고 또한 태평양전쟁기 전시계획조선하의 조선중공업의 경영실태를 분석했다. 즉 이것은 결국 1930년대 후반부터 본격화된 중공업 중심의 식민지 공업화 과정의 주요한 일면이기도 했다. 신원철(2011)은 식민지시기 조선산업에 형성된 고용관계의 성격을 살폈으며[12] 향후 한일 조선업에 관한 전망 고찰은 이케우치池内(1987), 장석(2004), 정진택(2004) 등을 들 수 있다.[13]

이상의 선행연구 내용을 정리하면, 일본의 조선산업은 기존 조선의 기반기술을 바탕으로 서양식 선박기술을 효과적으로 수용하여 근대화

10 金在瑾, 앞의 책; 김정하 · 하은지, 「영도(影島)의 근대조선산업발상지에 대한 고찰」, 『인문사회과학논총』 16, 한국해양대, 2008.

11 배석만, 「태평양전쟁기 計劃造船과 식민지 造船工業」, 『국사관논총』 107, 국사편찬위원회, 2005; 배석만, 「태평양전쟁기 조선총독부의 '木船 양산계획' 추진과 造船工業 정비」, 『경제사학』 41, 경제사학회, 2006; 배석만, 「日中戰爭期朝鮮重工業株式會社の設立と經營」, 『朝鮮史研究會論文集』 44, 朝鮮史研究会, 2006; 배석만, 「朝鮮重工業株式會社の戰時經營과 해방 후 재편과정」, 『역사와경계』 60, 부산경남사학회, 2006; 배석만, 「1930년대 식민지 朝鮮의 造船工業 확장과 그 실태」, 『지역과역사』 18, 부경역사연구소, 2006; 배석만, 「일제시기 조선기계제작소(朝鮮機械製作所)의 설립과 경영(1937~1945)」, 『인천학연구』 10, 인천대 인천학연구원, 2009; 배석만, 「태평양전쟁기 조선총독부의 국책조선소 건설추진과 그 귀결－朝鮮造船工業株式會社의 사례」, 『한국사연구』 143, 한국사연구회, 2008.

12 신원철, 「기업내부노동시장의 형성과 전개－한국 조선산업에 관한 사례연구」, 서울대 박사논문, 2001; 신원철, 「일본 조선대기업의 고용조정」, 『경제와사회』 110, 비판사회학회, 2016.

13 池内遠彦, 「韓国の造船業を眺め日本の造船業の将来を考える」, 『日本造船学会誌』 700, 日本船舶海洋工学会, 1987; 장석, 「우리나라 조선기술 발전사」, 『기계저널』 44-2, 대한기계학회, 2004; 정진택, 「우리나라 조선산업의 현재와 미래」, 『기계저널』 44-1, 대한기계학회, 2004.

되어가는 과정을 확인할 수 있지만, 국내 조선산업은 수산 및 해운업자, 조선소의 경영, 생산, 영업, 고용 등의 자료를 바탕으로 일본에 의해서 근대화되고 발전되기보다는 지배되고 식민지화가 되었음을 확인할 수 있다. 하지만 국내 선행연구들은 지속적으로 문제가 되고 있는 '식민지 근대화론'에 대한 해답을 제시하지 못하는 아쉬운 측면이 있다.

동북아 해역의 근대 조선산업의 역사는 근대화 과정과 밀접한 관계가 있고, 근대화의 핵심내용은 과학과 기술이다. 따라서 조선기술의 전달과 수용의 측면에서 조선산업을 분석하면 국내 조선산업이 일본으로부터 어떤 영향을 받았는지, 즉 일본의 조선기술로 국내 조선산업의 근대화가 되었는지 여부를 명확하게 구분할 수 있을 것이다. 이런 관점에서 이 글에서는 일본이 서양으로부터 어떤 과정과 방법으로 서양의 조선 기술을 수용하여 조선산업을 근대화 시켰는지 그 과정을 분석하고, 이들 과정을 기준으로 일본이 조선을 개항시키고 한일강제병합 이후 국내 조선산업에 대한 일본의 행위와 관련된 역사적 사실을 분석하고자 한다. 이 과정을 통해 과거 조선기술의 전파와 수용 및 발전에 미치는 중요한 인자는 무엇인지, 반성과 역사적 교훈을 알아보고, 국내 조선의 근대화에 대한 일본의 행위에 대해서 기술적 측면에서 분석한다.

3. 조선산업의 전개와 양상

1) 일본 조선산업

근세 초기 '대선大船건조금지'이래 조선업은 소형선박인 야마토大和형 태의 선박 건조로 제한되어 1853년 '대선건조해금大船建造解禁'에 이르는 2세기 동안 조선기술은 정체되어 있었다. 에도시대 초기는 상업이 발달 하지 않았기 때문에 이 금지령에 대한 불만이 없었지만, 중기가 되자 상 업이 발달하고 항로도 더 많이 개발되어 배를 통한 수송이 매우 중요해 졌기 때문에 대선건조해금 요구가 많아졌다. 에도시대 후기가 되면 일 본 연안에 미국, 영국, 러시아 등 서방국가들의 군선들이 나타나 막부와 여러 번藩에게 위협이 되었지만, 일본해군은 당시 거의 전력으로 기대할 수 없어 대처할 방법이 없었다. 그 후 일본은 1853년 2월 미국의 페리 제독이 이끄는 흑선의 내항에 갑작스럽게 세상불안이 높아졌다. 즉 선 체가 방수와 부식 방지를 위해 검은 타르로 칠해져 있고 연기를 내뿜으 며 해면을 나아가는 증기기관선(기선)인 함정은 그동안 찾아왔던 러시 아 해군이나 영국 해군의 범선과 달라 그 흑선은 일본인들을 경악시켰 다. 막부는 해군 창설과 강화의 필요성을 깨닫고 개혁의 일환으로 1853 년 6월에 도쿠가와 이에미즈德川家光가 '대선건조금지령'을 해제하고 모 든 번에 군함과 선박을 건조할 수 있도록 하였다.[14]

1868년 개국에 이르는 시점까지 서양 과학기술과의 차이를 절실히

---

14 造船協会編, 『日本近世造船史』, 東京弘道館, 1911; 井上洋一郎, 『日本近代造船業の展開』, ミネルヴァ書, 1990(池畑光尚, 「日本近代造船史概見(海事文化事始シリーズ1)」, 『日本航海学会誌NAVIGATION』158, Japan Institute of Navigation, 2003, 78면 재인용).

느꼈고, 이에 막부와 메이지정부는 해군력 증강의 필요성을 느껴 서양으로부터 증기선과 서양식 군함건조 기술을 적극 도입하는 한편, 외국에서 중고선박을 구입하거나 새로운 선박을 건조하는 것에 힘을 쏟았다. 이런 일본의 서양 선박의 기술도입을 위한 정책에 따라 1855년 이즈 헤다촌(伊豆戸田村)에서 러시아 기술장교의 지도하에 군함인 키미자와형(스쿠나형 범선) 서양식 선박을 건조하면서 서양식 범선의 설계와 건조, 진수법을 처음 배웠다.[15] 일본은 해군력을 강화하기 위해 서양식 함선을 건조했으며 선박을 매개로 해운과 조선산업을 발전시켜 나갔다. 그리고 나가사키 해군전습소(海軍伝習所)에서 조선 전문가인 네덜란드인을 초대해서 직접 지도를 받거나 서양의 조선서를 통해 일본인 기술자들이 서양의 선진기술을 습득해 조선소 발전에 힘썼다. 막부 말기 나가사키 제철소의 네덜란드인 기술자, 요코스카 제철소의 프랑스인 기술자의 기술 지도를 역사적 기점으로 해서 일본 조선기술이 향상되었지만, 1887년 정도까지는 주로 외국인에게 직접 배우는 단계에 머무르고 있었다. 미쓰비시사에서 미쯔비시 나가사키 조선소를 인수할 당시, 일본인 기술자가 부족해서 거의 외국인을 고용하곤 했었다. 미쓰비시가 오사카철공소에서 지배인으로 맞이한 영국인 기사 코드(G.F.Codor)[16]는 세계 조선업의 중심지 글래스고의 롭니츠 공장 출신이었으며 이후 미쓰비시는 롭니츠에서 많은 기술자를 활용했다.[17]

　1887년 미쓰비시 나가사키 조선소에서 건조된 최초의 철제기선 치

15 　池畑光尚, 앞의 글, 81~82면.
16 　西澤泰彦, 「明治時代に建設された日本のドライドックに関する研究」, 『土木史研究』 19, 学術文献普及会, 1999, 150면.
17 　井上洋一郎, 앞의 글, 84면.

쿠고가와마루筑後川丸, 기소가와마루木曾川丸, 시나노가와마루信濃川丸는 영
국기술자의 협조로 만들어졌다. 그리고 가와사키조선소는 기술자로서
당시 공부대학工部大学에서 조선학 또는 기계학 전공의 공학사를 고용했
지만[18] 관영시대官営時代에는 기계기술장 윌슨, 조선기술사 한나 등 외국
인 기술자를 고용해서 동제기선銅製汽船인 다마가와마루多摩川丸, 후지가
와마루富士川丸 건조에 성공했다.[19] 아울러 이시카와지마조선소에서도
영국인 조선기계기술자 협조를 받아 민간조선소로서 최초로 군함을 건
조했고 나아가 강선鋼船을 건조했다. 오사카철공소 창립에 있어서도 미
쓰비시제철소의 영국인 기술자의 조언과 지도를 받아 기계 관련 업무
에 적어도 2명 이상의 외국인 기술자가 활용되었다.[20]

이처럼 일본은 서양식 선박을 건조하는 기술을 서양으로부터 적극
도입하고 서양인으로부터 기술을 배워 선박 기술을 확보하였다는 것을
알 수 있다. 다음은 일본조선소 설립의 발단이 되는 서양식 일본 절충인
선박 건조를 바탕으로 막부가 만든 일본조선소의 설립배경과 발전양상
에 대해서 살펴보고자 한다.

(1) 우라가조선소浦賀造船所

우라가조선소는 이시카와지마조선소, 요코하마제철수와 더불어 병
부성 아래에서 함선 수리, 소형선이나 기계류 제조를 수행하였다.[21] 우
라가의 조선 역사는 1853년 페리 내항까지 거슬러 올라간다. 당시 에도

---

18 川崎造船所編, 『川崎造船所四十年史』, ゆまに書房, 2003, 10면.
19 井上洋一郎, 앞의 글, 84~85면.
20 위의 글, 85면.
21 池畑光尚, 앞의 글, 83면.

막부는 '대선건조금지'를 해제하고 우라가조선소를 설립했으며, 곧바로 국산 최초의 서양식 군함 호오마루를 건조했다. 이 군함은 우라가조선소에서 건조를 시작하여 1854년 6월 8개월이라는 짧은 기간에 일본목수에 의해 건조되었다. 호오마루는 선체의 뼈대수가 적기 때문에 방탄효과는 기대할 수 없어 군함용으로 제공하지 못했을 것이라는 평가도 있으나[22] 강도면에서는 문제가 없고 선형도 일본 항만 사정을 고려하고 있어 합리적이라는 평가도 있다.[23]

호오마루가 건조된 우라가조선소는 1859년 일본 최초의 드라이 독이 축조되었고, 1860년 만연원년견미사절단万延元年遣米使節団이 샌프란시스코로 가기 전에 간린마루咸臨丸 선체를 보수했던 곳으로 알려져 있다. 우라가조선소는 1876년 폐쇄되었으나, 청일전쟁을 계기로 민간에 의한 선박 수리나 신건조 수요 증가에 따라 1896년에 다시 창업되었으며 주로 군함을 건조했다. '닛폰마루 2세日本丸Ⅱ世'도 이곳에서 건조했으며 1969년 스미토모住友 중기계 공업 산하가 되었다가 2003년 폐쇄했다.[24] 한편 막부가 개설한 우라가조선소 부지를 이용하여 1897년 우라가선거浦賀船渠주식회사가 설립되었다. 초기에는 이시카와지마조선소石川島造船所와 경쟁 관계였던 데다가 필리핀으로의 군함 수출 부진 등 경영 상태가 좋지 못했다. 1907년 처음으로 구축함 '나가츠키長月'와 키쿠게츠菊月를 건조했으며, 1924년에 일본 최초의 철도연락선으로 세이칸青函

---

22 安達裕之,「国産洋式船の魁－鳳凰丸・昇平丸・旭日丸」,『横浜Vol』17(伝統のまち－横浜金沢)神奈川新聞社, 2007(平山次清,「幕末・明治のふね遺産候補－洋式帆船鳳凰丸と旧浦賀ドック」,『講演論文集』24, 日本船舶海洋工学会春季講演会, 2017 재인용).

23 寶田直之助,「幕末における我国建造の洋式帆船に関する一考察」,『海事技術史研究会誌』17号, 海事技術史研究会, 2002.

24 平山次清, 앞의 글, 90면.

연락선 '쇼호마루翔鳳丸'와 '히다마루飛騰丸'를 준공시켰다.[25]

(2) 이시카와지마조선소石川島造船所

1853년 막부는 미토번水戶藩에게 서양식 조선소를 만들 것을 명령했다. 이에 미토번주水戶藩主 도쿠가와 나리아키德川齊昭는 이시카와지마에 일본 최초의 서양식 조선소를 설립했다. 1856년에는 우에다 토라요시上田寅吉와 와타나베 킨에몬渡辺金右衛門도 막부의 명령으로 이시카와지마 조선소 기술자로 파견되어 근대 조선공업에 관한 기술을 발휘했다.[26] 그 결과 막말에 범선 4척, 증기군함 1척을 건조했으며 메이지유신 이후인 1871년 병부성 소관이 되었다가 1872년 해군성으로 이관되었다. 그 후 1876년에 민간에 불하되어 히라노조선소平野造船所로 경영되었는데, 이것이 조선업 최초의 민간기업이다.[27] 1877년에는 도쿄만과 도쿄 부근의 강가에서 사용할 소형목제 외제차기선 건조에 착수했으며 제2 쓰우운마루通運丸는 그 중 하나이다. 1879년에는 해군성 요코하마제철소를 차용하여 선박용 기관과 기계 제조를 시작하였으나 경영난으로 요코하마 공장을 폐쇄하고, 1884년 요코하마 이시카와구치제철소橫浜石川口製鐵所의 가옥 기계의 전부를 해군으로부터 차용해서 이시카와지마로 이전시켰다.[28]

그러나 경영은 호전되지 않았으며 시부사와 에이이치渋澤榮一 등의 원조를 받아 간신히 재기했으며 1887년에 민간 조선소로서는 처음으로

25 池畑光尙, 앞의 글, 83면.
26 金子栄一, 『現代日本産業発達史第九巻 造船』, 現代日本産業発達史研究会, 1964.
27 https://kotobank.jp/word/%E7%9F%B3%E5%B7%9D%E5%B3%B6%E9%80%A0%E8%88%B9%E6%89%80-817454(검색일자 : 2020.4.13).
28 越後和典, 「日本造船業の史的分析ー日本造船業の成立と構造(2)」, 『関西大學経済論集』 6-2, 関西大學学術リポジトリ, 1956, 125~134면.

군함 쵸카이鳥海 731톤을 건조했다. 1889년 자본금 17만 5천 엔의 주식회사 이시카와지마조선소로 개편되었지만, 미쓰비시, 가와사키, 오사카 철공소에 눌려 실적은 오르지 않았다.[29] 그래서 히라노는 새 공장을 우라가에 세우기로 결심하고, 1899년에 준공해서 선박의 건조와 수리는 우라가에서 담당하고, 기계와 소형선은 이시카와지마와 분담하여 궤도에 오르는 듯 보였지만, 우라가선거와의 경쟁에 져서 이시카와지마로 돌아왔다. 설비도 확장되었고 소형선 건조와 기계류 제조가 성황을 이루면서 건조선 수는 많았지만 대형선은 거의 없이 1600톤의 고츠우마루交通丸가 최대였다. 이것이 대대로 이어진 조선소가 지금까지 건재한 이시카와지마 하리마石川島播磨 중공업주식회사 도쿄 공장이다.[30] 그 이후 1945년에는 이시카와지마중공업이 되었고 1960년에는 이시카와지마 하리마중공업, 2007년에 아이 에이치 아이IHI라고 개칭되어 현재에 이르고 있다.

(3) 나가사키조선소長崎造船所

1853년 도쿠가와 막부는 개국 방침을 결정하고 쇄국시대에 외국으로의 유일한 창구였던 나가사키에 해군전습소[31]를 두었다. 이 나가사키해군전습소에서 총감 나가이 나오유키永井尚志는 네덜란드에 대해 건설요원

---

29 池畑光尚, 앞의 글, 85면.
30 위의 글, 85면.
31 1855년에 에도 막부가 해군사관 양성을 위해 나가사키 서쪽 관공서에 설립한 교육기관이다. 막부의 신하와 세력이 있는 큰 번의 무사에서 선발해 네덜란드 군인을 교사로 하고 거기서 난학과 항해술, 과학, 군함조종 뿐만 아니라 조선(造船), 의학, 어학 등의 다양한 교육이 이루어졌다. 이후 에도에서 먼 나가사키에 전습소를 유지하는 재정부담이 큰 것이 문제가 되면서 군함조련소로 단일화되었고 쓰키지(築地)에 군함조련소 정비 등으로 1859년에 폐쇄되었다.

파견을 요청하고 기계류와 자재를 발주했는데[32] 이것을 계기로 나가사키조선소의 전신인 함선 수리 공장 나가사키용철소가 건설되었다. 나가사키용철소는 1861년 나가사키제철소로 개칭되었으며, 나가사키제철소는 처음에는 선박 증기기관 수리공장으로 출범했지만 기계공장을 건설하겠다는 막부의 명확한 의도가 있었던 것이 아니라 해군 건설에 따른 도구들을 구입하겠다는 의지로 설립됐다. 그리고 제품과 경영의 다각화에 따라 소총 등 각종 기계 제작, 철교 등 건설공사, 정미소 개설, 활판전습소活版伝習所 설치를 하였다.[33] 이처럼 일본정부는 선박 건조라는 조선소의 본래 기능에서 벗어나 메이지정부의 부국강병정책의 일환으로 경영을 다각화하여 무기제작 등 해군력 강화에 힘썼다. 이에 1871년 공부성 소관의 나가사키조선국으로 개칭되어 이전의 네덜란드 기술에만 의존했던 것과는 달리 미국과 영국에서 조선기술을 배운 일본 최초의 전문 조선기사를 임명했다. 그러나 공부성 소관하에서는 조선소의 조직적 체제를 구축하지 못했으므로 1883년 급격하게 축소되어 미쓰비시에 불하되었다.

미쓰비시의 창설자 이와사키 야타로岩崎弥太郎는 조선과 조선기계공장 경영을 본격적으로 추진하기 위해 1884년 나가사키조선소라고 개칭했는데 이것이 미쓰비시중공업의 창립이었다. 나가사키조선소는 관영시대에 할 수 없었던 철선鐵船 건조에 재빨리 착수하고 적극적인 설비투자를 계속해서 1905년 무렵에는 동양제일의 조선소라 칭해지게 되었다.[34]

---

32 三浦豊彦, 「19世紀後半,明治初年の日本の労働観」, 『労働科学』 69, 大原記念労働科学研究所, 1993

33 中西洋著, 『日本近代化の基礎過程－長崎造船所とその労資関係1855～1900年』, 東京大学出版会, 1982(野村正實 書評, 91～92면).

34 久保愛三, 「長崎造船所の歴史」, 『京機短信』 184, 京都大学機械系工学会, 2012.

이후에도 중공업계의 선두주자로서 1915년부터 전투함을 건조하기 시작했고 무사시武蔵라는 대형 전투함으로 대표되는 전함 등 당시 일본을 대표하는 선박을 건조했으며, 패전 후에는 일본의 조선산업을 주도한 조선소 중의 하나였다.[35]

(4) 요코하마제철소橫浜製鐵所

요코하마제철소는 1865년 10월 13일, 요코하마 이시카와구치橫浜石川口에서 준공되었다. 산업이 미분화되었을 당시 제철소라는 명칭을 붙이기는 했지만 실제로는 제철부터 조선과 수리까지 일괄적으로 진행했으며 당초에는 베르니 드로트르 등 프랑스인 기술자단이 업무를 맡았다. 요코하마제철소는 메이지유신 이후 대장성 관할이었다가 1870년 8월에는 민부성民部省 관할이 되었으며, 공부성 설치 후에는 같은 해 12월 공부성으로 이관되었다. 1871년 5월에는 요코하마제작소로 개칭되었으며, 1872년 4월에는 해군성으로 이관되었다. 같은 해 11월에는 요코하마 제조소가 되었으며 1879년 12월 히라노 후지에게 10년간 임대하기로 결정되었다. 히라노는 요코하마제조소를 요코하마 이시카와구치 제철소로 개칭하고, 영국인 기사 아치볼드 킹[36]을 초빙하여 선박용 기관과 기계 제조를 개시하였다. 1883년 9월에는 히라노에서 해군성으로, 구 요코하마제조소의 설비 일체를 이시카와지마로 이전하는 것이 청원되어 인가되었다. 이로써 요코하마제조소는 완전히 자취를 감추었으

---

35 佐藤 功, 『三菱重工 長崎造船所』, 長崎ニュース創業150周年記念号, 日本船舶海洋工學會, 2005.
36 井上洋一郎, 앞의 글, 93면.

며 이시카와지마 히라노 조선소에서 군함 '쵸카이鳥海'가 건조되었다.[37] 한편 영국인 기술자 파머Henry Spencer Palmer는 항만의 발달에는 도크, 창고 등 부대설비의 충실도 불가결하다는 것을 설명했고 그것을 받아들인 시부사와 에이이치渋沢栄一와 지역 재계인들에 의해 요코하마선거가 1889년에 설립되었다. 여기서는 선박이나 군함도 건조했으며 일본우선郵船이 1930년에 준공한 일본의 12,000t급 북미 항로의 중형 여객선 히카와마루와 대형 여객선 치치부마루秩父丸 등 해군 함정도 일부 건조했다. 1935년 미츠비시중공업과 합병해 미츠비시중공업 요코하마선거가 되었다. 1943년 미츠비시중공업 요코하마조선소로 명칭을 변경하면서 요코하마선거라는 명칭은 사라지게 되었다.[38]

(5) 요코스카조선소橫須賀造船所

막부는 자신의 권력을 유지하고 정치적 지위를 확보하기 위해서는 막부 해군을 위한 조선소가 에도 인근에 존재하지 않는 것이 불리하다고 느끼게 되었다. 당시 근처에 요코하마가 개항되어 외국으로부터의 물품 구입, 정보 수집 등이 편리했었고 또한 사가번이 해군 창설을 위해서 구입한 조선기기(네덜란드제)가 막부에 헌상되어 그 일부가 요코하마에 운반되고 있었다. 막부는 이런 조건 등을 고려하여 에도만 내에 프랑스의 원조를 받아 본격적인 조선소를 세우기로 결정하였다.[39] 1861년 막부

---

37 https://www.jacar.go.jp/glossary/term3/0010-0080-0110-0080-0020.html(검색일자 : 2020.4.1).

38 https://ja.wikipedia.org/wiki/%E6%A8%AA%E6%B5%9C%E8%88%B9%E6%B8%A0(검색일자 : 2020.4.10).

39 関根政美,「幕末・明治前期日本の初期工業化過程に関する若干の考察(その一) : 横須賀造船所建設を一事例として」,『法學研究-法律・政治・社会』53, 慶應義塾大学法学研究

친불파는 신군함 봉행[40] 오구리 타다마사小栗忠順를 중심으로 새로운 전력으로 군사용 중공업 성립을 원했고, 프랑스 공사의 입장에서는 막대한 자재와 자본, 우수한 기술을 제공하고 그 대가로 조선造船경제의 우위를 획득하고, 일본의 생사 독점과 광산 개발권도 수중에 넣으려 했다. 이런 점에서 서로의 이익이 합치하여 요코스카제철소 건설이 구체화되었다.[41] 막부는 조선소 건설을 총지휘자 프랑스인 프랑수아 베르니 해군사관에게 맡기고, 먼저 요코하마에 제철소를 짓고, 여기서 요코스카조선소에 필요한 기계재료를 제조하는 한편 일본인 기술자와 직공을 양성하는 등 요코스카에 조선소를 건설하기 위한 두 단계의 방법을 취했다. 막부가 요코하마와 요코스카에 모두 제철소를 건설하는 것을 목표로 삼은 것은, 근대 공장의 일본으로의 이식 그 자체와 일본인의 손에 의한 근대공장의 자립적 운영을 진행시키기 위함이었다.[42] 즉 단순히 공장조직을 이식하는 것이 아니라 외국인 고용인을 바탕으로 일본인이 공장 건설, 운영 기술, 조선 수선 기술 등을 전수하기를 원했으며 1866년 시작하여 3년만에 완공되었다. 이후 조선소를 만들기 위해 시설 확장에 착수하였으나 막부에 의해 좌절되었고, 메이지 신정부는 사무카케코마츠 다테도掛小松帯刀의 힘으로 1868년 9월에 오리엔탈뱅크로부터 대출을 받아 소시에테 제너럴에 대한 막부의 채무를 변제했다.[43] 이에 공부성 관할하에

会, 1980, 48~49면.

40 봉행(奉行)이란, 헤이안 시대부터 에도 시대에 걸친 무가(武家)의 직함 중에 하나이다.

41 関根政美, 앞의 글, 49~50면.

42 関根政美, 「近代日本における工業化の一断面-幕末・明治初期の横須賀造船所」, 『社会学心理学教育学』18, 慶応義塾大学大学院社会学研究科紀要, 1978, 76~77면.

43 https://ja.wikipedia.org/wiki/%E6%A8%AA%E9%A0%88%E8%B3%80%E9%80%A0%E8%88%B9%E6%89%80(검색일자 : 2020.4.1).

1871년 요코스카제철소에서 요코스카조선소로 개칭되었다.

요코스카조선소 내에는 기술자 양성을 위한 교육기관 고사黌舍가 설치되었다. 1870년 베르니를 교장으로 하고 베르니의 모교인 파리의 기술자 양성 학교 '에콜 폴리테크닉'을 모방해서 설립되었으며, 조선기술이나 기계학, 제도법 등의 기술 이외에 프랑스어를 가르쳤다.[44] 메이지 10년대 이후에는 많은 장인匠人들이 입학하게 되었고, 1888년 폐교할 때까지 약 100명이 졸업해 해군성이나 대장성, 외무성 등으로 가는 경우가 많았다. 이후에는 공부대학교에 흡수되어 도쿄제국대학 공학부 조선학과가 되어 일본의 조선기술을 선도하게 되었다.[45] 이 조선소는 1872년 10월 공부성에서 해군성 관할이 되고, 1876년 8월 31일에는 해군성 직속, 1884년에는 요코스카 진수부 직할이 된다. 1903년에는 조직개혁에 의해 요코스카 해군공창이 되어 많은 군함을 제조하였으며 제2차 세계대전 후에는 주일미군의 기지가 되었다.

이상으로 대선건조해금 이후 일본조선소의 성립배경과 발전양상에 대해 살펴보았다. 당시 일본은 페리 내항來航을 계기로 증기선에 대한 호기심과 두려움이 잠재해 있었기 때문에 서구의 선진 과학기술을 도입해서 무기와 조선 발전에 힘써 국방의 위기에 대처하려 했을 것이다. 이에 막부와 메이지정부는 국방을 위한 해군력 증강의 필요성을 느껴 대선건조해금정책을 실시하고 증기선과 서양식 군함을 건조하게 했다. 이러한 서양식의 일본 선박건조를 바탕으로 막부가 만든 조선소는 우라

---

44 堀内達夫, 「日本近代技術教育と学校モデルの移転」, 『職業と技術の教育学』 17, 名古屋大学学術機関, 2006, 7~9면; https://www.townnews.co.jp/0501/2015/07/03/290255.html(검색일자 : 2020.4.17).

45 https://www.umeshunkyo.or.jp/104/06yokosuka/data.html(검색일자 : 2020.4.3).

가조선소, 이시카와지마조선소, 나가사키제철소, 요코하마제철소, 요코스카제철소의 다섯 군데였다. 이 조선소들은 러시아, 네덜란드 및 프랑스 등의 기술자 협조로 일본조선 기술이 향상되었으며 이후 국방시책의 일환으로 서양식 함선의 건조와 수리시설이 이루어졌다. 더 나아가 국제 경제 관계의 전개를 배경으로 조선업 발전에 전진하는 등 동북아 해역 네트워크 속에서 일본 조선산업의 근대화에 돌진하면서 자리매김을 해나가는 모습을 알 수 있었다. 그러나 이들 일본의 조선소들은 동북아 해역의 침략전쟁에 활용되었지만, 일본에서는 이들 조선소를 근대화 유산[46]으로 간주하고 홍보를 하고 있다는 것에 대해서는 다시 한번 생각해 봐야 할 것이다.

2) 한국 조선산업

19세기 말부터 우리나라에 들어와 활동을 시작한 일본 어민과 해운업자들에 의해서 한국에 근대적 개념의 선박이 운행되었을 뿐 당시 국내에 조선산업이 형성되지는 않았다. 먼저 일본어민의 진출에 대해서 살펴보면, 일본어업자들이 개항 이전부터 우리나라 해역을 침범해 불법어로 등의 방식으로 수산자원을 강탈했다. 일본인들의 끊임없는 불법이 이루어지는 가운데 1876년 개항이 되자 일본은 자국 어업인들이 합법적으로 한국 연근해에서 조업할 수 있도록 강압적인 각종 조약을 체결했다. 1883년 '조일통상장정'을 비롯해 1900년에는 경기도 연안도 포함시켰으며, 러일전쟁이 발발하자 한국의 전 수역이 일본인 통어자들에게 개방되었고 1908년에는 내수면內水面 어업권까지 강탈했다. 그 결과 일본 어

---

46 経済産業省委員會, 『近代化産業遺産群』 33, 経済産業省, 2008, 8면.

업인들이 물밀듯이 통어를 했는데 그 증가추세는 아래 표와 같다.[47]

<표 1> 일본어선 통어(通漁) 척수 · 인원 · 어획

年度	通漁隻數	通漁人員	漁獲槪算高(圓)	備考
1890 1891 1892	718 611 683			韓國水産發達史 p.278第一表에 의함.
1898 1899 1900 1901 1902 1903	1,223 1,157 1,654 1,411 1,394 1,589	8,466 5,331 8,107 6,187 6,121 7,187	959,600 1,358,550 1,685,300 1,142,200 1,439,950	上同書 p.296第三表에 의함.
1904 1905 1906 1907 1908 1909 1910	1,581 2,449 2,748 3,233 3,899 3,755 3,960	6,975 10,853 12,245 14,182 16,644 15,749 16,500	1,499,800 1,854,450 2,014,110 3,739,250 3,418,850 3,076,800 3,942,650	上同書 p.316第二表에 의함.

출처 : 水協中央會漁村指導課 編, 『韓國水産發達史』, 水産業協同組合中央會, 1966(金在瑾, 『續韓國船舶史研究』, 서울大學校出版部, 1994, 232면 재인용)

일본 어업인들은 한국연해에서 통어하는 데 그치지 않고 러일전쟁 후에는 어민들이 일정 지역에 정주하는 이주어촌이 건설되었다. 특히 부산에는 일본 이주어촌이 대량으로 형성되었으며 1910년에는 일본인 어민들이 3백여 가구에 1천 1백 명에 달하였다.[48]

다음으로 선박을 매개로 하는 해운업자의 진출을 보면, 1876년 개항

---

47   金在瑾, 앞의 책, 232~233면.
48   影島區鄕土誌編纂委員會, 『影島鄕土誌』, 釜山廣域市影島區, 2003, 305면

부산지역 일본인 집단 이주 어촌 실태(1910년 현재)

지역	가구수	인구	비고
영도	227	862	1903년부터 형성 시작
하단	10	50	1904년 러일전쟁 이후 형성됨
다대포	32	114	1906년 후쿠오카현에서 집단이주해 옴
용당포	15	60	1908년 야마구치현에서 집단이주해 옴

이후 일본 해운업자가 개항하지 않은 곳에서도 일본 선박을 운항할 수 있도록 했으며 일본 범선과 기선이 인천에서 용산 간을 자유롭게 항행할 수 있도록 했다. 그리고 일본 선박이 한국 연해와 하천을 자유롭게 운항할 수 있게 한다는 내용의 한일 간의 해운·항운에 관한 조약과 약정이 체결되면서[49] 일본 선박과 해운업자는 압도적으로 증가했다. 이처럼 개항 이후 강제병합에 이르기까지 한국 해운업은 일본의 절대적 지배하에 있었다고 할 수 있으며, 일본의 대표적 해운회사로 일본우선주식회사와 오사카상선주식회사를 들 수 있다. 당시 일본 해운업계는 일본 내에서 대외무역에 종사하고 있던 많은 외국기선에 대항하기 위해 1885년 9월 미쓰비시사와 경쟁관계에 있었던 공동운수회사를 통합하여 일본우선주식회사를 창립하였다. 또한 청의 영향력이 증대한 조선으로 군사적 수송이 필요할 때를 대비하려는 데 일본정부의 병합 목적이 있었다.[50]

이처럼 일본해운사들은 한국에 들어와서 지점을 두고 국제항로를 완전히 지배하였을 뿐 아니라 심지어 작은 해운회사들도 한국 내에서 연안운송업을 영위해 가면서 한국해운업을 점차적으로 지배하기 시작하였다.

이처럼 개항기 일본어선의 폭발적 침투와 해운업자의 진출 등으로, 국내에서 일본어선의 수리와 건조의 필요성이 증가했다. 이에 일본인 조선업자들이 개항부터 1910년까지 한국의 중요 항구에 조선소를 설립했지만 조선인들이 그곳에서 어선 설계와 건조기술을 습득한 것이

---

49 孫兌鉉, 앞의 책, 230면
50 羅愛子, 앞의 책, 116~117면

아니었기 때문에 일본 조선소에 의해 국내 조선산업이 탄생했다고 할 수 없다.

일본 어민의 집단 이주촌이 부산 여러 곳에 형성되고 일본인 어선의 부산포 이용이 빈번해지자 일본상인들도 부산으로 진출했으며, 1887년 부산 영도에 최초로 일본인 조선업체인 다나카조선소田中造船所가 설립되어 선박 수리와 조선 건조가 실시되었다. 다나카조선소 설립 이후 대풍포와 대평북로에 크고 작은 조선소와 수리 조선소가 60여 개 들어섰다.[51] 이처럼 영도가 당시 조선공업의 중심이 된 것은 일본이 청일

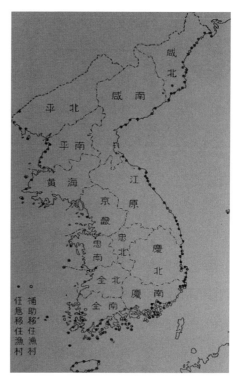

〈그림 1〉 第61圖 移住漁村分布圖.(吉田敬市, 『朝鮮水産開發史』, 朝水會發行, 1954, 272면)

전쟁과 러일전쟁에 승리하고 1910년 한국의 주권을 강탈한 후 한반도를 대륙 침략과 동남아 점령의 병참기지로 삼을 계획으로 지리적으로 가장 가까운 부산에 조선공업기지를 확보하기 위함이었다.[52] 조선이 일본의 식민지가 된 이후 일본 조선업자들은 인천, 청진, 목포, 진남포, 충무, 원산, 군산, 포항 등 전국 주요 항구로 조선업을 확장하였다.

다나카조선소에 대해서 구체적으로 살펴보면 아래 표와 같다.

---

51 깡깡이예술마을사업단, 『깡깡이 마을 100년의 울림 · 산업』, 영도문화원, 2017.
52 釜山廣域市影島區, 앞의 책, 311면.

<표 2> 다나카조선소 업무현황

년도	주요활동내용
1887	고베출신 일본인 조선사업자인 다나카 와카타로(田中若太郎)가 부산으로 건너와 남포동 자갈치 해안에서 목선 제조업을 시작[53]
1910	아들 다나카 기요시가 부친의 가업을 이음
1912	처음에는 남항에 들어오는 소형 목선수리를 주로 했지만, 이후 동력선(汽船) 무동력선 관계없이 어선의 수요 증가로 1912년에는 자본금 3만원에 종업원 6명과 신조(新造)30척, 수리 70척의 실적을 보였음[54]
1917부터	중유발동기관의 제작이 가능[55]
1918	어선에서 동력선이 처음으로 등장
1920	소형이지만 동력 화물선의 건조가 가능[56]
1926부터	30마력과 50마력 발동기를 생산해 전국에 판매[57]
1929	조선기선주식회사(朝鮮汽船株式會社)가 발주한 화물선 영해호(寧海号)를 진수56)
1930년대 중반 이후	조선총독부 전시계획조선(戰時計劃造船)에 참가하여 전쟁물자 운송과 병력동원을 위한 선박을 만들었음[58]

다나카조선소 다음으로 일본인이 우리나라에 설립한 나카무라조선소中村造船所는 야마구치현 출신의 나카무라 규조가 나가사키에서 활동하다가 1893년 부산으로 건너와 설립한 철공소였으나 1897년 대평동으로 공장을 이전한 후 조선소로 설립되었다. 1912년에는 자본금 3만 1천 원에 종업원 22명과 신조新造 50척, 수리 80척의 실적을 보였고[59], 다나카조선소에 비해 규모가 훨씬 컸다. 1931년 조선기선이 발주한 화물선 대창호大昌号를 완성했는데, 그것은 77마력의 기관을 장착한 113톤

53 깡깡이예술마을사업단, 앞의 책.
54 金在瑾, 앞의 책, 246면.
55 『식은조사월보』70, 朝鮮殖産銀行調査部, 1944.3, 4면(배석만, 『1930~50년대 造船工業 政策과 造船會社의 경영』, 부산대 박사논문, 2005, 19면 재인용).
56 배석만, 앞의 글, 19면.
57 http://kangkangee.com/index.php/kangkangee-looks/attraction/attraction16/(검색일자: 2020.3.5).
58 깡깡이예술마을사업단, 앞의 책.
59 金在瑾, 앞의 책, 246면.

화물선이었다.[60]

당시 개항기 이후 5명 이상을 상시 고용하는 근대식 조선소는 거의 일본 조선소였을 뿐 한국 조선소는 찾기 어려웠다. 그 이유는 한국 조선소들은 조선시대에 선박의 주류를 이루었던 군선과 조운선 등 대형 선박의 건조가 지양되었기 때문이다. 일본에도 '대선건조금지령'이 발포되었지만, 막부가 부국강병과 상업 목적을 위해 금지령을 해제시켜 조선과 해운산업을 육성하고 근대화를 이룩하여 조선을 개항시키고 침략했다. 조선 정부는 서양문물과 기술을 적극 수용하는 정책을 펼치지 못해 조선산업을 일으키지 못하였다. 다음 〈표 3〉은 1910~1920년대 조선공업 현황을 나타낸 것이다.

〈표 3〉 1910~1920년대 造船工業 현황

연도	조선소 수	자본금(圓)	종업원수	선박건조			
				전체수(隻)	가격(圓)	20톤 이상(隻)	20톤 이상(톤)
1911				2,990	542,663		
1912	2	45,000	51			8	226
1913	2	68,000	28	2,386	303,902	8	226
1914	4	78,000	63	1,726	349,377	2	40
1915	4	78,000	77	1,827	454,895	2	244
1916	4	63,300	56	1,629	326,782	6	235
1917	8	54,000	114	1,572	469,727	17	588
1918	15	284,530	492	1,516	564,919	51	3,285
1919	14	608,000	287			57	2,022
1920	13	601,500	161		324,549	29	892
1921	17	683,850	152		500,951	17	536
1922	23	1,289,350	232		511,007	28	950
1923	27	1,720,800	354		822,216		
1924							
1925	19	730,300	339		889,491		
1926	24	570,800	409		899,799		
1927	24	499,100	464		984,306		

---

60 배석만, 앞의 글, 19면.

연도	조선소 수	자본금(圓)	종업원수	선박 건조			
				전체수(隻)	가격(圓)	20톤 이상(隻)	20톤 이상(톤)
1928	33	908,900	507	2,448	1,756,481		
1929	33		664	12,431	1,740,864		

출처 : 朝鮮總督府, 『朝鮮總督府統計年報』 각년도판 朝鮮事情社, 『朝鮮の通信及運輸』, 1925, 123~
124면에서 작성(배석만, 『1930~50년대 造船工業정책과 造船會社의 경영』, 부산대 박사논
문, 2005, 16면 재인용)

〈표 3〉은 1910~1920년대 국내 조선공업 변천현황을 나타내고 있으
며, 1917~1919년간에 초기 2개에서 15개로 일본인 조선소들이 대폭
증가하고 생산량도 8척에서 57척까지 급증한 것을 알 수 있다. 김재근金
在瑾(2004 : 247)도 언급하고 있듯이 1914년 발생한 제1차 세계대전이 확
대됨에 따라 교전 각국으로부터 일본 내 조선업계에 주문이 쇄도하여 한
국의 조선계도 호황을 맞이했기 때문이다. 한국 조선업계는 1920년대에
도 꾸준히 발달하여 1923년에는 조선소 수가 27개에 이르렀고 종업원
수도 350명을 넘었으며 선박 건조 가격도 80여만 이상에 달했다. 1929
년에는 조선소 수가 33개, 종업원 수도 664명으로 최고조를 달렸다.

조선총독부도 국내 전통선박에 비해 일본 선박의 성능이 우수하다는
이유로, 1918년까지 매년 한국인에게 일본 어선 구입자금의 보조와 대
부, 선장 강습회를 실시하는 등 개량 보급에 힘썼다.[61] 이처럼 일본형 어
선의 보급량 증가에 따른 조선소 종업원 수와 선박 건조 수량의 급증현
상 등이 1910~1920년대 일본인 조선업체가 꾸준히 성장해간 주된 배
경이었다.

1930년대는 선박 수와 종업원 수 등이 1920년대 보다 거의 2배에 도
달하였고, 일본형 어선을 사용하는 한국인이 늘어남에 따라 보급률도

---

61 吉田敬市, 앞의 책, 284면.

증가했으며 동력어선도 일반화되었다. 이 시기 한국인의 근대식 조선소가 몇 개 되지 않았지만[62] 한국의 전통 목선 조선장造船場들은 한일강제병합 직후에는 상당한 활동을 하여 선박건조 수가 일본인업체를 압도하기도 했고, 1930년대까지 왕성하게 활동했지만 그들 중에 근대식 조선소로 발전한 예는 하나도 찾아볼 수 없었다.[63] 이는 보조금을 지급하는 등 일본 조선소를 육성하고 국내 조선산업을 몰락하게 한 일본정책의 결과로 보인다.

일본인에 의해 군소 조선업체들이 새로 설립되고 대·중형 조선업체도 등장하는[64] 등 일본형 어선의 국내 건조가 상당히 촉진되었으나, 선장과 자본은 대부분 일본인에 의존하고 있었으므로 거의 일본이 독점하고 있었다고 할 수 있다. 당시 중공업의 특별진흥책이라 하여 선박의 건조나 수리에 사용되는 강재鋼材 제조에 대하여 장려금을 교부하고 특전을 부여하는 등 제철사업을 도모하였으므로 강철 건조가 시작되었다.[65] 또한 일본의 군국주의 정책이 강화되어 만주사변을 일으키고 동북아로의 군사적 세력권이 확대됨에 따라 군사적 전진기지로서 한반도

62　金在瑾, 앞의 책, 262~263면.

造船所名	代表者	所在地	創業年度	業種
金再完造船所	金再完	統營邑曙町	昭和 9年(1934)	造船 및 修理
金剛鐵工所	金圭弘	元山府海岸通	昭和 7年(1932)	諸機械·船舶修理
人平造船式會社	大平福壽	仁川府萬石洞		造船

63　위의 책, 261~262면.

64　위의 책, 252~256면. 1937년을 기준으로 조선업체는 53개 공장이었으며 부산에는 19개 공장이 있었다. 이 중에는 일본재벌들이 투자한 것이나 시설을 대충 확충한 것도 많으며 대표적으로 조선중공업주식회사, 조선기계제작소(주), 청진조선철공소(주), 주식회사 다나카조선철공소, 일본디젤공업(주)조선출장소, 조선상공(주)진남포철공소, 방어진철공조선주식회사 등을 들 수 있다.

65　대한조선공사 편집위원회, 『대한조선공사30년사』, 대한조선공사, 1968, 23~24면.

에서 조선산업의 대형화가 촉진되는 등 새로운 조선산업의 환경이 조성되었다. 따라서 1937년 4월 조선중공업주식회사도 일본의 군사 정책의 일환으로 정치와 재정적 지원을 받아 부산의 소규모 조선공장, 철물공장, 선박수리공장 등을 합병해 강선 건조와 수리를 목적으로 설립되었다.[66] 이 조선중공업은 당시 사이조도시하치西條利八 소유의 사이조 철공소를 매수하였으며, 이 공장에서 소요되는 기계기구류는 전부가 일본에서 수입되었고, 선대船台와 선거船渠 등의 축조 또한 일본기술자에 의해 준공되어 1937년 7월 창립 당시 주식 총 6만 주 중에 한국인 소유주는 5인으로 총 5천 주에 불과했다.[67] 이렇게 조선중공업주식회사(이후 대한조선공사로 변경, 지금은 한진중공업)는 한국 최초의 철강 전문 조선소로서 처음부터 강선鋼船 건조와 수리를 담당하였다. 1940년부터 광복까지 조선총독부가 조선소를 정비하고 통합함에 따라 통폐합된 조선소는 군지정 공장으로 되어 전시계획 조선을 담당하게 되었다.

한진중공업의 전신인 조선중공업이 설립되어 근대식 선박을 건조하였지만, 일본 자본과 일본인 기술자에 의해서 선박의 건조가 추진되었고, 조선인이 일본인으로부터 선박 설계 및 건조와 관련된 근대 조선산업 기술을 전수 받은 근거자료나 가능성은 없었다. 이와 같은 현실에 대해 일본의 연구결과에서도 다음과 같이 기술하고 있다. "조선공업은 일본인 자본에 의해 지배되었고, 식민 과정에서 광공업에서의 조선인朝鮮人 기술자가 차지하는 비율이 지극히 낮았으며 특히 근대적 기술 장비를 가진 대규모 공장에서는 그 비율이 더 낮았다. 게다가 조선인 기술자 모

---

66 위의 책, 24면.
67 위의 책, 26면.

두가 중급 이하의 기술자에 속해 조선인 노동자들은 대부분 기술적 노동에서 배제되어 일본인의 보조 역할로 육체적 노동에 종사하였다."[68]

일본의 정책에 따라 한국인이 조선소에서 근무했지만 일본의 근대적 조선기술을 전수받지 못했고 조선산업의 근대화에 필요한 선박의 설계와 건조, 진수법을 배우지 못했기 때문에 국내 조선산업은 일본에 의한 식민지 근대화론과는 무관함을 확인할 수 있었다.

5. 나오며

이 글은 일본이 서양의 과학기술을 수용하여 일본 내 조선산업을 근대화시킨 과정을 분석하였고 국내 조선산업과 연관산업(어업)에 대한 근대 역사 상황을 분석하였다. 관련 자료를 통해 일본은 일본정부의 부국강병정책으로 체계적으로 정상적인 기술개발 과정을 거쳐 조선기술을 발전시키고 근대화에 성공할 수 있었던 상황을 확인할 수 있었다. 하지만 한국은 조선산업의 근대화를 위한 정책과 전략 등에 관한 자료는 찾지 못하였고 일본에 의해서 서서히 어업권이 식민화되고 일본을 위한 조선산업이 정착, 육성되어 제국정책의 수단으로 이용되었음을 확인할 수 있었다.

일본의 근대 조선산업과 관련기술은 우선적으로 나가사키해군전습소라는 교육기관을 설립하여 네덜란드인으로부터 조선과 항해기술을

68 河合和男, 「植民地期における朝鮮工業化について」, 『奈良産業大学開学記念論文集』, 奈良学園大学学術リポジトリ, 1985, 121~137면.

배우고, 해외유학 등으로 조선기술을 습득하였으며, 영국인과 프랑스 등 서양인의 도움으로 조선 건조와 조선소 건설 등의 조선산업 관련 기술을 자립화하였다. 그 후 조선산업과 해운업을 육성하여 제국주의 정책의 바탕을 만들어 동북아 해역을 침략하고 조선을 식민지화하였다는 것을 알 수 있었다. 이들과 관련된 역사적 사실에 대해서 일본에서는 근대산업의 유산으로 홍보하고 있음을 확인할 수 있었다. 일본은 조선을 침략하기 이전부터 조선에 어민을 침투시키고 이주어촌을 건립하여 식민지 기반을 마련하였고, 근대식 어선과 어로활동으로 수산자원을 식민화하여 제국주의 정책의 수단으로 활용하였다. 또한 일본은 한국에 조선소를 설립하고 일본 조선산업을 육성하는 정책으로 국내 조선산업의 근대화를 저해하였고, 근대 선박건조 관련 기술이 조선인에게 전수되지 못하도록 일본인을 보조하는 육체노동에 종사하도록 조선소를 운영하였다. 이에 일본의 근대 조선산업 기술은 한국에 전수되지 않았고, 국내에 건설한 조선소는 전시계획조선소로서 일본의 제국주의 침략전쟁에 활용되었을 뿐임을 확인할 수 있었다. 따라서 국내 조선산업은 일본에 의한 식민지 근대화론과는 무관하고 오히려 일본의 제국주의 정책으로, 전통적 조선기술이 발전되고 근대화되지 못한 채 몰락하는 처지가 되었음을 알 수 있었다.

| 참고문헌 |

金在瑾,『韓國船舶史研究』, 서울대 출판부, 1984.

_____,『日政時代의 造船業』, 大韓民國學術院, 1987.

_____,『續韓國船舶史研究』, 서울대 출판부, 1994.

羅愛子,『韓國近代海運業史研究』, 국학자료원, 1998.

대한조선공사 편집위원회,『대한조선공사30년사』, 대한조선공사, 1968.

孫兌鉉,『韓國海運史』, 亞成出版社, 1982.

影島區鄕土誌編纂委員會,『影島鄕土誌』, 釜山廣域市影島區, 2003.

이영훈 외,『대한민국 위기의 근원 반일 종족주의』, 미래사, 2019.

깡깡이예술마을사업단,『깡깡이 마을 100년의 울림 · 산업』, 영도문화원, 2017.

김수희,「개항기 한국내의 일본인 어민의 조직화 과정」,『수산연구』 20, 한국수산경영기술연
　　구원, 2004.

김재근,「일정시대의 조선업체」,『대한조선학회지』 15-4, 대한조선학회, 1978.

김정하 · 하은지,「영도(影島)의 근대조선산업발상지에 대한 고찰」,『인문사회과학론업』 16,
　　한국해양대, 2008.

나애자,『한국근대 해운업발전에 관한 연구(1876~1904)』, 이화여대 박사논문, 1994.

박구병,「개항이후의 부산의 수산업」,『항도부산』 6, 부산광역시사편찬위원회, 1967.

배석만,「1930~50년대 造船工業政策과 造船會社의 경영」, 부산대 박사논문, 2005.

_____,「1930년대 식민지 朝鮮의 造船工業 확장과 그 실태」,『지역과역사』 18, 부경역사연구
　　소, 2006.

_____,「태평양전쟁기 조선총독부의 '木船 양산계획' 추진과 造船工業 정비」,『경제사학』 41,
　　경제사학회, 2006.

_____,「朝鮮重工業株式會社의 戰時經營과 해방 후 재편과정」,『역사와경계』 60, 부산경남사
　　학회, 2006.

_____,「태평양전쟁기 조선총독부의 국책조선소 건설추진과 그 귀결－朝鮮造船工業株式會
　　社의 사례」,『한국사연구』 143, 한국사연구회, 2008.

_____,「일제시기 조선기계제작소(朝鮮機械製作所)의 설립과 경영(1937~1945)」,『인천학연구』
　　10, 인천대 인천연구원, 2009.

신원철,『기업내부노동시장의 형성과 전개－한국 조선산업에 관한 사례연구』, 서울대 박사논
　　문, 2001.

_____,「일본 조선대기업의 고용조정」,『경제와사회』 110, 비판사회학회, 2016.

여박동, 「일제하 통영 거제지역의 일본인 이주어촌형성과 어업조합」, 『日本學誌』 14, 일본연
구학회, 1994.

이영학, 「개항 이후 일제의 어업 침투와 조선 어민의 대응」, 『역사와 현실』 18, 한국역사연구
회, 1995.

_____, 「개항 이후 조선인 어업의 근대화 시도와 그 좌절」, 『성곡논총』 34-1, 성곡언론문화
재단, 2003.

장석, 「우리나라 조선기술 발전사」, 『기계저널』 44-2, 대한기계학회, 2004.

정진택, 「우리나라 조선산업의 현재와 미래」, 『기계저널』 44-1, 대한기계학회, 2004.

한우근, 「개국 후 일본인의 한국침투」, 『동아문화』 1, 서울대 동아문화연구소, 1963.

經濟産業省委員會, 『近代化産業遺産群』 33, 經濟産業省, 2008.

吉田敬市, 『朝鮮水産開發史』, 朝水會, 1954.

奈木盛雄, 『駿河湾に沈んだディアナ号』, 元就出版社, 2005.

松浦章, 『汽船の時代-近代東アジア海域』, 淸文堂, 2012.

愛媛県教育委員会, 『愛媛県の近代化遺産-近代化えひめ歴史遺産総合調査報告書』, えひめ
地域政策研究センタ, 2013.

造船協会編, 『日本近世造船史』, 東京弘道館, 明治44年.

川崎造船所編, 『川崎造船所四十年史』, ゆまに書房, 2003.

関根政美, 「幕末・明治前期日本の初期工業化過程に関する若干の考察(その一)-横須賀造船
所建設を一事例として法學研究」, 『法律・政治・社会』 53, 慶應義塾大学法学研究会,
1980.

堀内達夫, 「日本近代技術教育と学校モデルの移転」, 『職業と技術の教育学』 17, 名古屋大学
学術機関, 2006.

寶田直之助, 「幕末における我国建造の洋式帆船に関する一考察」, 『海事技術史研究会誌』 17,
海事技術史研究会, 2002.

杉山謙二郎, 「明治の企業家 杉山徳三郎の研究 内輪式蒸気船「先登丸」について-安政末・文
久期徳川幕府の造船政策と関連して」, 『千葉商大論叢』 40-3, 千葉商科大学, 2002.

三浦豊彦, 「19世紀後半,明治初年の日本の労働観」, 『労働科学』 69, 大原記念労働科学研究所,
1993.

西澤泰彦, 「明治時代に建設された日本のドライドックに関する研究」, 『土木史研究』 19, 学
術文献普及会, 1999.

安達裕之, 「国産洋式船の魁-鳳凰丸・昇平丸・旭日丸」, 『横浜Vol』 17, 神奈川新聞社, 2007.

池内遼彦, 「韓国の造船業を眺め日本の造船業の将来を考える」, 『日本造船学会誌』 700, 日本

船舶海洋工学会, 1987.

池畑光尚「日本近代造船史概見(海事文化事始シリーズ1)」,『日本航海学会誌NAVIGATION』
158, Japan Institute of Navigation, 2003.

平山次清,「幕末・明治のふね遺産候補ー洋式帆船鳳凰丸と旧浦賀ドックー」,『講演論文集』
24, 日本船舶海洋工学会春季講演会, 2017.

＿＿＿＿,「幕末に建造された洋式帆船「鳳凰丸」と「ヘダ」の比較ーふね遺産(非現存船)の候補
として」,『日本船舶海洋工学会講演会論文集』26, 日本船舶海洋工学会, 2018.

河合和男,「植民地期における朝鮮工業化について」,『奈良産業大学開学記念論文集』, 奈良学
園大学学術リポジトリ, 1985.

http://kangkangee.com/index.php/kangkangee-looks/attraction/attraction16/(검색일자：
2020.3.5).

http://onjweb.com/combakumaz/AS/AS01/AS0112/d1_1224.htm(검색일자：2020.2.27).

https://ja.wikipedia.org/wiki/%E6%A8%AA%E9%A0%88%E8%B3%80%E9%80%A0%E8%
88%B9%E6%89%80(검색일자：2020.4.1).

https://www.jacar.go.jp/glossary/term3/0010-0080-0110-0080-0020.html(검색일자：
2020.4.1).

https://www.townnews.co.jp/0501/2015/07/03/290255.html(검색일자：2020.4.17).

https://www.umeshunkyo.or.jp/104/06yokosuka/data.html(검색일자：2020.4.3).

동북아 해역과 언어기층문화

양민호

1. 들어가며

기층基層 문화를 연구한다는 것은 주로 민속학民俗學의 범주 안에서 진행되어왔다. 민속학이라 함은 풍속과 관습, 전설, 민담, 가요, 생활용구, 언어 등 옛날부터 민간에서 전승되어 왔던 유무형의 민속자료를 기초로 인간의 생업 속에 전승되어 왔던 현상의 역사적 변천을 밝히고, 그것을 통해 현재의 생활문화를 상대적으로 설명하는 학문영역에 속한다고 설명되어 있다. 또한 광의廣義의 문화인류학과 궤를 같이하고 있다고 볼 수 있다.

민속학 연구는 영국에서 1846년 윌리엄 존 톰즈William John Thoms가 고대문화의 흔적과 민요를 포클로어Folklore라고 이름 붙이면서 시작되었고, 학문으로 체계를 갖추게 된 것은 1878년 조지 로렌스 곰므George Laurence Gomme가 '민속학협회'를 설립한 시기를 시초라고 보고 있다. 그러나 유럽에서 민속학 연구가 활발했던 지역은 독일로, 폴크스쿤데 Volkskunde라고 부르며 주로 민족의 공통된 정신의 발견이라는 민족주의가 짙은 학문이었다고 한다. 이를 1850년대 폴크스쿤데라는 이름으로 학문적 영역으로 발전시킨 이는 빌헤름 하인리히 릴Wilhelm Heinrich Riehl이다. 중공업의 발달로 인해 농가의 피해를 사회정책학적 측면에서 접근하며 그 사회의 전통적 습성을 연구하고 독일의 통일적 민족정신을 발견하려 하였다. 1891년 이후 독일에서도 민속학협회가 설립되고 다양한 이론과 연구들이 쏟아져 나왔다. 그 가운데 하나가 '표층문화'와 '기층문화'의 이원론을 제시한 한스 나우만Hans Naumann이다. 따라서 학계에서 기층문화에 대한 설명은 다음과 같이 인용된다.

하나의 민족의 문화는 표층문화와 기층문화의 이중 구조를 이루고 있다. 기층문화는 소위 논리 이전의 사유에 의해 지탱되고 그것이 구현된 것이라고 볼 수 있다. 고도의 가치 창조의 성과인 '상층문화', 혹은 이른바 '하이 컬처High Culture'와는 달리 소박하고 일상적이며, 집단적이고, 또 유형적인 문화이며 전승성이 짙은 문화라 볼 수 있다. 그 중에는 표층문화가 가라앉아 넘어간 것도 있지만 처음부터 기층문화에서 유래한 것도 있다. 각각의 계통을 밝히는 것이야말로 민속학에서 중요한 과제라고 할 수 있다.

이를 일본의 철학자이면서 사상가인 무타이 리사쿠務台理作는 민속학이 기층문화의 역사적 규명이라고 밝히면서, 관행적이면서 생활 전반에 걸친 것을 기층문화라고 설명하고 있다. 그는 기존의 역사학에서 바라보는 문화는 특수하며 개성적인 성격이 짙은 일회성을 가진 것이 표층문화라고 하지만 그 기저에 깔려있는 전통적이면서 유형적으로 묶을

수 있는 성질이 강한 일상적 문화 속에 숨겨져 있는 일상생활의 반복성
이 잘 나타난 특징을 가진 것을 기층문화라고 불렀다. 다시 설명하면 표
층문화와 기층문화는 계급과 층위에 따라 다르기도 하지만 반드시 이
원二元적으로 분리되지 않는 경우도 있다. 경우에 따라서 표층문화적 성
격을 띠기도 하고 또 어떤 때는 기층문화성을 더 많이 갖고 있는 경우도
있다. 주로 하이컬러들이 표층문화를 많이 양산하지만 농촌과 어촌 같
은 지역에 사는 일반인, 즉 서민庶民이 진정한 기층문화의 전달자로 살아
온 경우가 많다고 볼 수 있다. 이와 같이 기층문화의 경우 경계를 그어
표층문화와 똑같이 나눌 수 있는 문제는 아니며, 점이적漸移的 측면이 존
재한다고 볼 수 있다. 그렇지만 기층문화의 중심인 서민이 생산하고 유
통하고 유지되는 것들을 다루어 보는 것이 기층문화 탐구라고 할 수 있
겠다.

이렇게 기층문화를 형성하는데 있어 언어의 접촉과 전파를 통해 민
족의 전통이 형성, 유지되어 간다고 볼 수 있다. 언어 전파의 경우 상층
의 교류보다는 기층에서의 교류로 만들어진 경우가 대부분이라고 할
수 있다. 그러므로 서민들의 언어 생활환경을 천착해보는 것이야말로
기층문화를 살펴볼 수 있는 아주 좋은 예라고 할 수 있겠다. 따라서 이
글에서는 동북아 해역과 언어라는 관점에서 기층문화로의 접근을 시도
하며, 제4차 산업시대를 맞이하여 그 언어 생활환경 연구에 대한 새로
운 방법을 시도하여 전개하고자 한다.

2. 언어경관 연구

우선 언어경관言語景觀에 대해서 설명해 보겠다. 여기에서 소개하는 언어경관 연구는 언어기층문화의 외연外緣에 해당되며, 서민들이 살고 있는 마을(도시, 농촌, 어촌, 산촌 등)을 관찰할 수 있다. 이 글에서는 이 가운데 어촌의 모습에 한정하여 언어환경(간판)적 요소를 통해 살펴보겠다. 다시 말해 어촌 속 언어문화를 가장 잘 나타낸 시각적 매개물인 상가의 간판 모습을 통해 어민들의 언어 생활문화의 동향을 파악하고 동북아시아 항구도시인 부산지역의 언어경관에 관해 간단히 언급하겠다.

지금까지 많은 언어경관 연구가 행해져 왔지만 항구를 중심으로 한 어촌의 언어경관 연구는 찾아보기 매우 힘들다. 게다가 제4차 산업시대에 맞춘 언어연구 방법 또한 변화가 필요한 시점에 도달하였다. 우선 본격적인 부산 지역의 언어경관 조사에 앞서 지금까지 언어문화(표기)와 언어경관 연구에 대한 동향을 기술하고, 이어서 부산 기장 대변항 일대의 언어경관에 관한 파일럿pilot 스터디[1] 형식의 조사 자료를 가지고 설명하겠다.

여태껏 언어표기와 언어경관에 관한 연구는 대상이 주로 종이(신문, 잡지, 서적)와 같은 인쇄매체에 한정되었으며 그 범위도 일상생활과 동떨어진 것이 많았다. 하지만 제4차 산업시대에 접어선 우리는 이러한 연구에만 머무를 것이 아니라 실제로 많은 사람들이 활용 가능한 현실적

---

1   대규모 조사에 앞서서 행하는 예비적인 소규모 조사, 탐색조사라고도 한다. 본 조사에 대한 정보 수집, 조사에 대한 피조사자의 태도 등을 종합적으로 탐색하여 본 조사에 반영시키기 위해 실시한다. 파일럿 스터디(pilot study)라고도 한다.

대상에 대한 언어기층문화 연구와 방법론이 요구되어야 한다.

예를 들어 우리가 낯선 마을을 방문할 경우 가장 먼저 눈에 들어오는 것은 해당 마을의 상점 간판 표기이다. 마을마다 매우 다양한 형태의 간판 형식과 그 안에 많은 콘텐츠가 담겨 있다. 예를 들어 한글, 한자, 알파벳, 그림문자(픽토그램) 등과 같이 다양한 문자 패턴이 존재한다. 또 그 마을 방언이나 어촌에서 주로 사용되는 어휘(그물, 낚시, 물고기명 등)와 같은 표현의 종류와 등장 횟수를 통해 그 마을의 특징을 유추해 낼 수 있을 것이다. 이렇게 다양한 문자의 표기 체계와 콘텐츠, 그리고 그 내용에 포함된 어휘로부터 만들어진 어촌의 언어생활 모습을 분석하는 것이야말로 우리가 찾는 새로운 해역 연구의 주제가 될 수 있을 것이다. 따라서 이 절에서는 제4차 산업시대의 어촌마을의 언어 환경(표기)에 관한 연구를 목표로 그 대상이 되는 언어 표현과 표기의 범위와 방법론에 대한 방향을 제시하는 것도 목적이다. 나아가 이 글을 계기로 ICT[2] 시대의 해역 언어경관 연구에 대한 발전적 연구 방향, 그리고 그 실례로서 동북아 해역 항구도시 부산의 국가어항[3]이기도 한 대변항 주변 모습을 언어

---

2 Information & Communication Technology의 약자로 정보통신기술이라고 부른다. ICT는 정보기술과 통신기술을 합한 용어로, 하드웨어 · 소프트웨어 · 통신기술을 종합적으로 활용한 ICT는 자동화 · 전산화 · 시스템화를 위한 것이지만 크게는 정보사회의 구축을 목표로 하고 있다.

3 대한민국의 국가어항(國家漁港)은 대한민국에서 이용범위가 전국적인 어항 또는 도서 · 벽지에 소재하여 어장의 개발 및 어선의 대피에 필요한 어항이다. 2001년 「어항법」이 개정되기전 과거 「어항법」상의 제1종 어항 및 제3종 어항이 여기에 해당된다. 국가어항의 지정권자 및 개발주체는 해양수산부장관이고, 관리청은 광역시장 또는 시장 · 군수이다. 국가어항의 지정권자는 해양수산부장관이다. 국가어항의 구체적인 지정기준은 「어촌 · 어항법 시행규칙」 제10조의에 규정되어 있다.
   · 현지어선 척수 70척 이상
   · 현지어선 총톤수가 동해안은 450톤 이상, 서해안은 280톤 이상, 남해안은 360톤 이상
   · 외래어선 이용이 연간 100척 이상

경관 연구의 새로운 패러다임으로서 소개해보겠다.

본 조사 데이터는 동북아 해역 항구도시 부산 지역의 언어경관에 관한 사례이다. 향후 동북아시아 항구도시 부산에서 눈에 보이는 많은 간판들과 상업 지구와의 관련성에 대하여 규명하겠지만 이번 글에서는 신시대新時代 해역 언어기층문화의 연구 방법론과 조사의 타당성에 대한 검토를 포함한 것이라고 보는 것이 옳다. 특히 어촌, 항구, 해안도시 등과 같은 바닷가를 끼고 있는 도시어촌 지역의 조사를 통하여 이를 검증하고자 한다.

앞으로 연안 지방, 항구, 해안 도시 등에서 많이 사용되고 있는 말과 방언이 항구도시와 그렇지 않은 지역이 어떻게 다른지, 또는 어떤 점에서 유사한지에 대해서도 규명할 수 있기를 기대한다. 인구통계학적 변수와 바닷가라는 배경들이 언어경관에 많은 영향을 끼칠 수 있기 때문에 이러한 부분에 대해서도 고민할 필요가 있다. 이번 글에서는 소외되었던 지역 문화와 무관심 속에 처해진 지방의 도시어항(부산 기장 대변항)의 마을 모습과 일상을 조사하는 것이다. 조사지점은 바닷가에 인접한 지역을 대상으로 어느 쪽에서 해역과 직접 관련된 상호명과 어휘군語彙群이 집중되어 있는지를 분석할 수 있을 것이다. 장소는 부산과 가까우면서도 시골 어촌 어항의 모습을 갖추고 있는 곳을 우선 찾은 결과 기장의 대변항을 선택하게 되었다. 이번 글에서는 다음과 같은 항목에 대하

· 어선어업 위판고가 연간 200톤 이상
· 「해운법」에 의한 여객선과 「유선 및 도선사업법」에 의한 유 · 도선의 총 운항 횟수가 일일 4왕복 이상
이상의 5개 기준항목 중 3개 항목 이상 충족하는 항 · 포구를 국가어항으로 지정할 수 있다. 도서인 경우에는 위의 지정항목 중 50% 이상을 충족하면 된다.

여 분석하기로 하였다. 예를 들면 어민들이 살아가는 삶의 터전인 공간에서의 언어경관 모습, 특히 간판과 관련된 내용이 주요 연구대상이다. 이에 〈표 1〉과 같은 분류작업이 필요하였다.

<표 1〉 어촌의 언어경관과 상권 설명

	관련성	간판	어휘	사진
1	바다(항구)와 직접 관련	생선찌개 구이전문점	멸치, 칼치, 건어물	
2	바다(항구)와 간접 관련	지이스트냉동	냉동	
3	바다(항구)와 관련 없음	대변약국	약국	

1. 바다(항구)와 직접적으로 관련된 상권과 어휘가 있는 간판

　　(예) 건어물시장 및 낚시용품점 / 멸치, 릴낚시

2. 바다(항구)와 간접적으로 관련된 상권과 어휘가 있는 간판

　　(예) 그물수선, 인력파견, 냉동 / 그물망 수선, 선원 알선

3. 바다(항구)와 전혀 관련이 없는 상권과 어휘가 있는 간판

　　(예) 약국 및 편의점 / 약국, 맥주

3. 언어경관 연구를 통해 본 도시어촌

　언어경관 연구를 통해 본 도시어촌의 모습을 잘 설명해주는 곳이 부산 기장 일대라고 볼 수 있다. 부산 기장 대변항의 언어경관 조사는 제4차 산업시대의 흐름에 따라 포털사이트 다음daum의 로드 뷰를 활용하였다. 〈그림 1〉과 같이 기장 대변항 일대의 상권을 조사하였으며 점포수는 총 36곳이었다. 이를 토대로 항구 주변 상권의 언어경관에 대하여 설명하도록 하겠다.

　조사지역인 기장은 자연경관이 수려한 해안선을 끼고 있어 휴양지로 각광받고 있다. 하지만 원래 농업, 수산업, 상공업이 공존하는 도농都農 복합형 구조이다. 그 중에서 소규모 대변항은 지역특산품인 미역, 멸치, 갈치 등이 전국적으로 유명하며 이와 관련된 언어경관 표기가 두드러짐을 알 수 있었다. 이는 향후 언어기층문화를 연구함에 있어서 어촌 사회의 특징으로 도출해 낼 수 있을 것이다.

〈그림 1〉 조사지점

　대변항의 상업구역을 조사한 결과, 36개 업소 가운데 바다와 직접 연관이 있는 업종은 27개로 조사지점의 75%를 차지하고 있다. 바다 또는 항구와 간접 관련이 있는 1개소를 포함하면 약 80%에 가깝다. 이와 같이 바다와 관련이 있는 상권이 대변항 주위에 몰려 있으며 어촌어항의 언어경관 모습을 반영하고 있다고 판단된다.(〈표 2〉) 간접적으로 관련이 있다고 판단되는 곳은 '지이스트냉동'이라는 업체로 바다와 직접 관련이 있다고 말하기는 힘들지만 바다에서 얻어진 어획물을 가공하거나 운반 시에 사용되는 얼음과 냉동장치는 간접적으로 관련이 있다고 판단할 수 있다.(〈표 3〉)

〈표 2〉 어촌상권과 지역특성 언어경관의 직접 관련성

상호명	관련도	층수	기간
동해어업관리단	직접관련	건물전체	2016년 1월~현재
생선구이찌개전문점	직접관련	1층	2017년 1월~현재
방파제횟집	직접관련	2-3층	2010년 2월~현재
방파제회식당	직접관련	1층	2010년 2월~현재
꼬꼬상회(생멸치젓전문)	직접관련	1층	2010년 2월~현재
성원건어물	직접관련	1층	2008년 10월~현재
초원횟집	직접관련	1층	2008년 10월~현재
장군멸치회촌	직접관련	1층	2008년 10월~현재
파도횟집	직접관련	1층	2008년 10월~현재
광진횟집	직접관련	2층	2008년 10월~현재
거북이횟집	직접관련	1층	2008년 10월~현재
황금 수산	직접관련	건물전체	2010년 2월~현재
대성장 횟집	직접관련	건물전체	2010년 2월~현재
장씨해녀집	직접관련	건물전체	2016년 1월~현재
동해 대게 대게직판장	직접관련	건물전체	2016년 1월~현재
수라 건어물	직접관련	건물전체	2014년 1월~현재
대성밀치회찌개	직접관련	2-3층	2010년 2월~현재
대성칼치찌개구이	직접관련	1층	2010년 2월~현재
기장특산물마트	직접관련	1층	2011년 5월~현재
2번중매인	직접관련	1층	2008년 10월~현재
건어물백화점	직접관련	1층, 2-3층	2011년 5월~현재
부자건어물마트	직접관련	1층	2008년 10월~현재
중앙건어물마트	직접관련	1층	2017년 1월~현재
기장대변제일식품	직접관련	1층	2016년 1월~현재
기장식품특산물도매	직접관련	1층	2008년 10월~현재
옛날맛집	직접관련	1층	2008년 10월~현재
백화당	직접관련	1층	2008년 10월~현재

〈표 3〉 어촌상권과 지역특성 언어경관의 간접 관련성

상호명	관련도	층수	기간
지이스트냉동	간접관련	건물전체	2016년 1월~현재

〈표 4〉 어촌상권과 지역특성 언어경관의 무 관련성

상호명	관련도	층수	기간
세븐일레븐	관련없음	1층, 2층	2011년 5월~현재
해변슈퍼	관련없음	1층	2008년 10월~현재
대변마을회관	관련없음	1층	2013년 1월~현재
VIP'S MOTEL	관련없음	건물전체	2014년 1월~현재
새소망 요양병원	관련없음	건물전체	2008년 10월~현재
ROCKET 밧데리	관련없음	1층	2016년 1월~현재
대변 약국	관련없음	건물전체	2008년 1월~현재
PROMENADE COFFEE COMPANY	관련없음	건물전체	2014년 1월~현재

그 외에 다른 마을의 언어경관 모습 속에는 등장하는 슈퍼마켓, 편의점, 병원, 약국, 커피숍, 모텔 등과 같은 간판은 이곳 기장 대변항에서도 똑같이 나타난다.(〈표 4〉) 즉 기장 대변항의 언어경관 조사로 판단해 보았을 때 여타 다른 지역과 등장하는 상권은 느낌은 유사하다. 다만 해안가 특히 어촌어항과 직접 또는 간접적으로 관련된 상호명의 비율이 높다는 점은 이 지역의 특징이라고 볼 수 있다. 결과를 정리해보면 〈표 5〉와 같다.

〈표 5〉 바다와 관련성을 가진 업체명

바다관련성	빈도	비율(%)
직접	27	75.0
간접	1	2.8
무관계	8	22.2

다음으로 도시어촌 지역인 대변항 언어경관 조사를 방언학적 입장에서 살펴보았다. 방언형 간판이 어떻게 나타나는지에 대한 관심이 쏠

린다. 예를 들어 기장 대변항에서는 '가숭어'와 '갈치'의 경우 〈그림2〉와 같이 경남 방언형으로 표현된 간판이 나타난다. '밀치'란 '가숭어'의 경남방언으로 상호명에 사용되고 있었다.

또한 '갈치'의 경우 역시 '칼치'라는 방언형으로 표시되어 있다. 표준어형의 간판 사용도 가능하지만 지역색을 살린 방언형으로 등장했다는 것은 지역색을 일부러 드러내어 친근감을 높이려는 형태이기도 하다. 이는 어촌생활 속에서 의도적이든 그렇지 않든 간에 방언 이미지의 긍정적인 효과로 볼 수 있을 것이다.

이번 글에서 다루지는 못했지만 해안선을 끼고 조사된 상권과 한 블록 뒤의 상권, 또는 기장 시내 한복판의 상권, 그리고 기장 시내를 넘어 산촌 지역에 나타나는 상권 등의 언어경관 모습들과의 비교도 필요할

〈그림 2〉 방언형 어휘가 남아 있는 간판

것이다. 예를 들어 바다 또는 어촌 어항과 관련된 상권의 언어표기가 거리(예를 들어 10킬로미터 간격)에 따라 얼마나 다양한 어휘가 등장하는지, 거리상으로는 어느 정도 멀어져야 어촌지역의 특색 있는 어휘가 사라지는지에 대한 검증도 필요할 것이다. 그렇게 한다면 실제로 해역인문학에서 원초적으로 고민해왔던 해역海域과 육역陸域의 경계를 그어볼 수 있을 것이다. 우리가 잘 알고 있는 지도에 등고선이 표시되듯이 해역(바다)과 관련된 어휘들의 출현 빈도와 반경을 표시한다면 해 역관련 어휘 등어선等語線이 만들어질 것이다. 이와 같은 연구는 개인이 하기에는 역부족이므로 국가적 프로젝트로서 향후 과제로 삼아야 할 것이다.

4. 나오며

기층문화를 형성하는 주체는 평범한 서민이며, 이들의 언어생활과 환경을 살펴보는 것은 매우 중요하다. 전술한 것처럼 언어접촉과 전파는 기층문화 주체의 교류로 만들어지기 때문이다. 이러한 기본 전제를 바탕으로 동북아 해역과 언어문화라는 관점에 착안하였다. 그 가운데 도시어촌의 언어생활과 환경을 살펴보는 기회를 갖게 되었다. 제4차 산업시대를 맞이하여 그 언어생활과 언어 환경 연구에 대한 새로운 방식을 택하였다. 그것이 사회언어학 연구 중 언어경관이라는 분야였다. 언어 표기와 모습을 다루었던 언어경관 연구는 지금까지 매우 열악한 환경에서 연구되어 왔다. 그 이유는 언어 표기와 언어경관 연구에는 실제 공간에서 조사되어야 하고, 예전의 마을 모습이 사라지게 되면 추측하기 어렵다는 등의 많은 제약이 있었기 때문이다. 하지만 이 글을 통해서 도시어촌에서 실제로 살아가는 서민들의 삶의 모습에 대하여 포털 사이트에 남아 있는 로드뷰 영상을 직접 보면서 통시적通時的인 언어경관 연구가 가능하게 되었음을 알 수 있었다. 이러한 연구방법론은 다음과 같은 시사점을 도출해 낼 수 있을 것이다.

조사비용 절감 : 실제 조사 대신에 각종 포털 사이트의 로드 뷰 등을 활용한 온라인 조사를 통한 경비 절감

다양화된 언어 표기 연구 방법론 : 인터넷에서 제공된 영상과 사진 자료를 통한 통시적 분석 가능

이와 같은 연구 방법론을 토대로 이번 글에서는 국가어항인 부산 기장의 대변항 일대 언어경관에 대해 파일럿 조사를 실시하였고, 그 결과를 다음과 같이 정리할 수 있다.

해역의 특색을 반영한 언어경관 : 대변항의 상업 지역을 조사한 결과, 바다와 직접 또는 간접적으로 관련이 있는 간판이 대다수

지역 특색이 나타난 언어경관 : 부산, 울산, 경남(부울경)의 지역 특색이 드러난 방언형 간판이 존재

지리적 위치와 언어경관과의 관련성 : 해역과 육역처럼 지리적 위치에 따라 달라지는 언어경관 모습에 대한 수치적 검증 가능

이상과 같이 언어기층문화 연구는 ICT 사회에서 이제는 필수불가결한

테마가 되었다. 특히 제4차 산업시대를 맞이하여 다양한 방법으로 언어 표기 양상을 밝혀야 하고, 오프라인의 현장조사에만 머물러 있던 기존 연구의 한계를 온라인 조사를 병행하면서 극복할 필요가 있다. 비록 이번 연구에서는 기장 대변항 일대의 사례만을 소개하였지만, 이 글을 토대로 향후 해역과 육역의 지역을 구분할 수 있는 언어경관 연구에 도움이 되기를 기대하고, 인접 학문과 연계를 통해 후속 학문의 저변이 확대되기를 희망한다.

'동북아 해역인문학'은 동북아시아라는 지리적 공간 위에서 연구되는 인문학의 총체라고 설명할 수 있다. 이에 해역인문학을 연구함에 있어 다양한 연구 방법론과 시점들이 존재할 수 있다. 다만 인문학의 중심은 사람이고, 그 중심을 하나하나 연결하는 것은 인문학 연구의 과제이자 숙명이다. 이것이야말로 지속가능한 동북아시아 해역인문학 연구의 원동력이 될 것이다. 기존의 전통적 방식의 연구방법도 중시되어야 하고 오랫동안 지속적으로 연구해 왔던 주제도 답습할 필요가 있다. 다만 언어기층문화를 보는 시각과 방법론의 새로운 어프로치로써 입체적 연구가 진행되어야 한다는 점을 여기에서 강조하고 있다. 그것이야말로 전통적으로 꾸준히 진행해 왔던 동북아시아 인문학, 그리고 언어기층문화 연구를 뛰어 넘을 수 있는 발판이 될 수 있기 때문이다.

|참고문헌|

김승, 「식민지시기 조선에서 생산된 수산물의 수이출(輸移出) 동향」, 『역사와 경계』 103, 부산
　　경남사학회, 2017.

김영운 · 김용복, 「어선에서 사용되는 일본식 용어에 관한 실태 조사(I)」 『수산해양교육연구』
　　14-1, 한국수산해양교육학회, 2002.

김영운 · 김용복 · 김종화, 「어선에서의 일본식 용어 사용에 관한 실태 조사(II)」, 『수산해양교
　　육연구』 22-1, 한국수산해양교육학회, 2010.

김인택, 「일본 가고시마 방언 어휘에 잔재하는 한국어적 요소-기층 어휘를 중심으로」, 『우리
　　말연구』 14, 우리말학회, 2004.

김지숙, 「동해안 어촌 생활어에 나타난 바람 명칭 명명법 연구」, 『한민족어문학』 71, 한민족어
　　문학회, 2015.

＿＿＿, 「어획물 명명 기반에 따른 명칭 연구」, 『어문론집』 69, 중앙어문학회, 2017.

양민호, 「한국과 일본의 언어경관 자료를 통해서 살펴본 언어의 다양성에 관한 연구」, 『日本
　　語言文化』 31, 일본언어문화학회, 2013.

＿＿＿, 「언어경관 자료를 통한 한일 외래어의 신개념과 범위에 관한 연구」, 『日本語文学』 61,
　　한국일본어문학회, 2014.

＿＿＿, 「한일 언어경관 연구의 현재와 향후 모델에 대한 연구」, 『日本學』 40, 일본연구소,
　　2015.

＿＿＿, 「수산물 명칭 속에 나타난 잔존일본어에 관한 연구」, 『일본문화학보』 82, 한국일본문
　　화학회, 2019.

＿＿＿, 「언어전파로 살펴본 해역언어학적 어휘 연구-한국의 박래어와 일본 진출 외행어를
　　중심으로」, 『일어일문학연구』 110, 한국일어일문학회, 2019.

양민호 · 최민경, 「동북아 해역인문학에 관한 사회언어학적 인식조사 연구-'해양문화지수'를
　　중심으로」, 『인문사회과학연구』 61-1, 인문사회과학연구소, 2020.

오창현, 「'기층문화론' 연구방법론에 관한 한일 비교 연구-두산 김택규의 기층문화 영역론을
　　중심으로」, 『지방사와 지방문화』 22-2, 역사문화학회, 2019.

이익섭, 「한국 어촌언어(韓國漁村言語)의 사회언어학적(社會言語學的) 고찰(考察)」, 『국어국문학』
　　72 · 73, 국어국문학회, 1976.

조숙정, 「어촌의 민속문화 연구 현황과 과제」, 『민속연구』 36, 민속학연구소, 2018.

조은영, 「釜山広域市の観光地における言語景観について-釜山シティーツアーのコースに
　　ある公園を中心に」, 『일본근대학연구』 61, 한국일본근대학회, 2018.

홍기옥, 「경남 남해군 어촌지역 생활어휘 연구」, 『한민족어문학』 58, 한민족어문학회, 2011.

_____,「바다 생물어 명명 기반 연구」,『어문학』122, 한국어문학회, 2013.

内田慶市編,『言語接触研究の最前線』, 関西大学 東西学術研究所研究叢書, 2020
柳田國男監修・財団法人民俗学研究所編,『民俗学辞典』, 東京堂, 1951
井上史雄,『経済言語学論考』, 明治書院, 2011.
川田順造編,『ヨーロッパの基層文化』, 岩波書店, 1995.
沈国威・内田慶市編,『東アジア言語接触の研究』, 関西大学 東西学術研究所研究叢書, 2016.
和歌森太郎,『日本民俗学序説』, 清水弘文堂, 1947.
務台理作,「種的社会の質料契機としての伝承文化」,『社会存在論』, 弘文堂, 1939.

BACKHAUS Peter, "Multilingualism in Tokyo : A look into the linguistic landscape",
    International Journal of Multilingualism, Taylor & Francis, 2006.
Landry R. & Bourhis, R. Y, "Linguistic landscape and ethnolinguistic vitality : An empirical
    study", *Journal of Language and Social Psychology* 16, SAGE Journals, 1997.

https://ja.wikipedia.org/wiki/%E6%B0%91%E4%BF%97%E5%AD%A6
https://ja.wikipedia.org/wiki/%E6%B5%9C%E8%A8%80%E8%91%89

필자 소개

서광덕(徐光德, Seo Kwang-deok)

1965년 출생. 연세대학교 중어중문학과를 졸업 후 연세대학교 대학원 석사·박사과정을 졸업했다. 저서로는 『중국 현대문학과의 만남』(공저, 2006), 『루쉰과 동아시아 근대』(2018) 등이 있고, 역서로는 『루쉰』(2003), 『일본과 아시아』(공역, 2004), 『중국의 충격』(공역, 2009), 『수사라는 사상』(공역, 2013), 『방법으로서의 중국』(공역, 2016), 『조공시스템과 근대 아시아』(공역, 2018) 등이 있으며, 『루쉰전집』(20권) 번역에 참가했다. 현재 부경대학교 인문사회과학연구소 HK연구교수로 재직중이다.

곽수경(郭樹鏡, Kwak Su-kyoung)

1965년 출생. 동아대학교 중어중문학과를 졸업한 후 성균관대학교 대학원 석사, 베이징사범대학교(北京師範大學) 박사 과정을 졸업했다. 저서로는 『청산도 사람들의 삶과 문화』(공저, 2019) 등이 있고, 논문으로는 「중국의 해양강국 전략과 중화주의-도서 분쟁과 해양실크로드를 중심으로」(2018), 「개항도시의 근대문화 유입과 형성-부산과 상하이의 영화를 중심으로」(2019), 「개항장의 대중문화 유입과 전개-목포의 트로트 유입과 흥성원인을 중심으로」(2019) 등이 있다. 현재 부경대학교 인문사회과학연구소 HK연구교수로 재직 중이다.

이가연(李佳妍, Lee Ga-yeon)

1980년 출생. 동아대학교 사학과를 졸업하고 같은 대학원에서 석·박사 학위를 받았다. 저역서로는 『항일운동과 기억의 현장』(공저, 2011), 『일제시기 일본인의 '부산일보' 경영』(공저, 2013), 『일본의 대련 식민통치 40년사』(공역, 2012) 등이 있으며, 논문으로는 「진남포의 '식민자' 富田儀作의 자본축적과 조선인식」(2016), 「在朝日本人 吉田秀次郎의 자본축적과 '식민자'로서의 지역적 위상」(2018), 「개항장 부산 일본 거류지의 소비공간과 소비문화」(2020) 등이 있다. 현재 부경대학교 인문사회과학연구소 HK연구교수로 재직 중이다.

최민경(崔瑉耿, Choi Min-kyung)

1983년 출생. 서울대학교 언어학과를 졸업 후, 동대학교 국제대학원 국제학과 석사과정, 일본 히도쓰바시대학(一橋大學) 사회학연구과 박사과정을 졸업했다. 저역서로는 『일본 생활세계의 동요와 공공적 실천』(공저, 2014), 『일본형 매혹도시를 만들다』(역서, 2007)이 있으며, 논문으로는 「규슈지역 재일한인 커뮤니티의 형성과 전개-후쿠오카를 중심으로」(공저, 2019), 「근대 동북아 해역의 이주 현상에 대한 미시적 접근-부관연락선을 중심으로」(2020) 등이 있다. 현재 부경대학교 인문사회과학연구소 HK교수로 재직 중이다.

김윤미(金潤美, Kim Yun–mi)

1980년 출생. 부경대학교 사학과를 졸업 후 동 대학원에서 석사 · 박사과정을 졸업했다. 저서로는『일제시기 일본인의 '釜山日報' 경영』(공저, 2013) 등이 있고, 역서로는『조선표류일기』(공역, 2020) 등이 있으며, 논문으로는「'조선군 임시병참사령부'의 부산 숙영 시행과 지역변화」(2018),「일본 니가타[新瀉]항을 통해 본 '제국'의 환동해 교통망」(2019),「조선과 러시아의 환동해 접경해역을 둘러싼 갈등」(2020) 등이 있다. 현재 부경대학교 HK연구교수로 재직 중이다.

공미희(孔美熙, Kong Mi–hee)

1969년 출생. 부경대학교 일어일문학부 대학원 석사 · 박사과정을 졸업했다. 저서로는『동북아 해역과 인문네트워크』(공저, 2018),『동북아 해역 인문네트 워크의 근대적 계기와 기반』(공저, 2019) 등이 있으며, 논문으로는「일본 근대화의 계기가 된 데지마를 통한 초량왜관 고찰」,「A Consideration of the Characteristics and Historical Background of Japanese Fusion Cuisine Created rough Cross–cultural Exchanges with the West in Port Cities」,「개항기 제1차 수신사의 신문물 접촉양상과 근대화와의 관계 분석」,「근대 부산 조선산업의 전개양상과 실태분석」등이 있다. 현재 부경대학교 인문사회과학연구소 HK연구교수로 재직 중이다.

양민호(梁敏鎬, Yang, Min–ho)

1972년 출생. 전주대학교 일어교육과 졸업 후, 동국대학교 대학원 석사, 도쿄(東京)외국어대학 석사 과정을 거쳐 도호쿠(東北)대학 문학연구과 박사과정을 졸업하였다. 저서로는『소통과 불통의 한일 간 커뮤니케이션』(공저, 2018), 일본에서 출판된『일본어 어휘로의 어프로치』(공저, 2015),『외래어 연구의 신전개』(공저, 2012) 등이 있고, 역서로는『경제언어학-언어, 방언, 경어』(공역, 2015),『3 · 11 쓰나미로 무엇이 일어났는가-피해조사와 감재전략』(공역, 2013),『동북아 해역과 인문네트워크』(공저, 2019)가 있다. 현재 부경대학교 인문사회과학연구소 HK연구교수로 재직 중이며 국립국어원 공공용어 번역 표준화 위원회 일본어 자문위원으로 활동하고 있다.